NCS
직업기초

UP 자기개발능력

| 김경진 금진호 김유진 서순해 임영수 |

양 성 원

머리말

미국 시사주간지 '타임(TIME)'은 특집 기사(2015, 2월호)에서 2015년 태어난 아이는 '142세까지 살 수 있다'고 예측하였다. 기대 수명 142세는 아직 실감나지 않지만 대부분의 미래학자들은 100세까지는 살 수 있다고 한다. 대학 졸업 후에도 75여년의 세월을 살아가야 하는 세상이 되었다. 청춘이 지금까지 살아온 시간보다 훨씬 더 많은 시간을 어떻게 살아내야 할까? 기성세대인 선배로서 세 가지 메시지를 전하고 싶다.

먼저, 가치의 다양성을 공감하고 싶다. 남과 비교하지 말고 '제 잘난 멋에 살자'는 것이다. 다양한 삶의 군상 속에서 자기 그릇에 맞는 독특함을 발견하는 것. 그리고 그 독특함의 가치를 위해 자신의 시간과 공간을 채워가는 것. 이것이 삶에 대한 예의가 아닌가 싶다. 최근 한국사회의 공시생 과잉현상은 아마도 신분보장과 함께 정년까지 매월 일정한 날에 따박따박 입금되는 월급은 물론 퇴직 이후의 삶마저 보장해주는 공무원연금 등의 안정성 때문이라고 생각된다. 그러나 우리는 공직의 안정성이 가져다 주는 진부화와 무료함의 위험도 생각해야 한다.

꿈과 도전, 성공과 실패, 용기와 같은 다양한 삶의 색깔들이 어우러져 아름다운 인생을 이루는 것 같다. 비갠 후의 파란 하늘을 수놓는 무지개처럼, 세상에는 다양한 삶의 모습이 있으며, 그들은 각자의 방식으로 그들의 삶을 살아가고 있다.

둘째는 꾸준함이다. 다큐멘터리 '스시 장인 지로의 꿈'을 보면 초밥 장인 오노 지로는 "지난 70년 동안 똑같은 일을 매일 반복해 왔다"고 말한다. 그는 더 맛있는 초밥을 만들기 위한 생각과 행동을 매일 반복적으로 실행한 결과 세계 최고의 장인이 될 수 있었다. 자신만의 삶의 가치, 꿈을 위해 하루하루 끊이지 않고 미래를 위해 준비하는 일정한 행동을 반복하는 것이 중요한 듯싶다. 꾸준함, 끈기가 핵심이다. 제프리 이멜트 GE회장은 "아무 것도 안하는 것이 가장 큰 리스크이다"라고 하였다. 일단 저지르고 보는 패기와 용기는 청춘의 특권이다. 걱정할 시간에 죽이 되던 밥이 되던 무엇이든 시도하자. 그래야 길이 보인다.

끝으로 사회생활에 필요한 능력을 갖추는 것이다. 사회생활에서 중요한 역할을 하는 것은 직업이다. 우리는 직업이 요구하는 능력을 갖추고 개발해야 한다. 정부는 학벌중심사회에서 능력중심사회로 전환하기 위하여 국가직무능력표준(NCS : National Competency Standards) 정책을 추진하고 있다. 국가직무능력표준은 산업현장에서 직무를 수행하기 위해 요구되는 능력(지식·기술·태도)을 국가가 산업부문별, 수준별로 체계화한 것이다. 정부는 NCS를 기반으로 직업훈련의 내용을 산업현장에 맞게 개편해 나가는 한편, 신(新)자격체계를 구축하여 NCS 직업훈련을 통해 획득한 능력단위를 가지고 국가기술자격을 취득할 수 있도록 추진하고 있다. 이에 따라 공공기관을 포함하여 기업의 채용방식도 스펙중심에서 NCS 기반의 직무능력중심으로 전환되고 있다.

직업에서 요구하는 능력은 크게 직무전문능력과 직업기초능력으로 구분할 수 있다. 직업기초능력은 직무를 수행하는데 필요한 기본적이고 공통적인 직업능력으로, 모든 유형의 직무를 수행하는데 기초가 되는 인지적, 정의적, 심체적인 능력을 모두 포함한다. NCS에서는 우리나라 직업인들에게 공통적으로 요구되는 10가지 직업기초능력을 선정하고 이들 직업기초능력을 개발하기 위한 학습프로그램을 제공하고 있다. 이 교재는 NCS의 직업기초능력 중에서 자기개발능력에 대한 내용을 다루고 있으며, NCS 학습모듈을 기반으로 하여 집필하였다.

집필과정에서 NCS 학습모듈의 학습목표를 달성할 수 있도록 NCS 학습모듈의 주요내용을 모두 반영하였다. 이와 함께 NCS 학습목표와 연계된 학습주제와 내용을 보완하여 산업현장에서 요구하는 자기개발능력을 습득할 수 있도록 하였다. 다음에 제시되는 활용안내와 학습모듈을 참고하여 자기개발능력을 개발함으로써 보다 밝고 맑은 미래가 전개되길 바란다. 청춘은 한국의 미래이다. 청춘들이 청운의 빛 속으로 용기를 가지고 뚜벅뚜벅 한걸음씩 나아가길 진심으로 응원한다.

2019년 8월

저자 일동

활용안내

기초직업능력으로서의 자기개발능력은 직업인으로서 자신의 능력, 적성, 특성 등의 객관적 이해를 기초로 자기 발전 목표를 스스로 수립하고 자기관리를 통하여 성취해 나가는 능력을 의미한다.

이에 따라 기초직업능력으로서의 자기개발능력은 자아인식능력, 자기관리능력, 경력개발능력으로 구성되어 있다. 이 교재는 모든 직업인에게 공통적으로 요구되는 자기개발능력을 학습자 스스로 자기 주도적이고 체험 중심으로 자신의 자기개발능력을 진단하고 학습하는 것을 목적으로 집필하였다.

구성

자기개발능력 교재는 크게 활용안내, 사전평가, 학습모듈, 사후평가, 참고자료, 학습평가 정답 및 해설로 구성되어 있다.

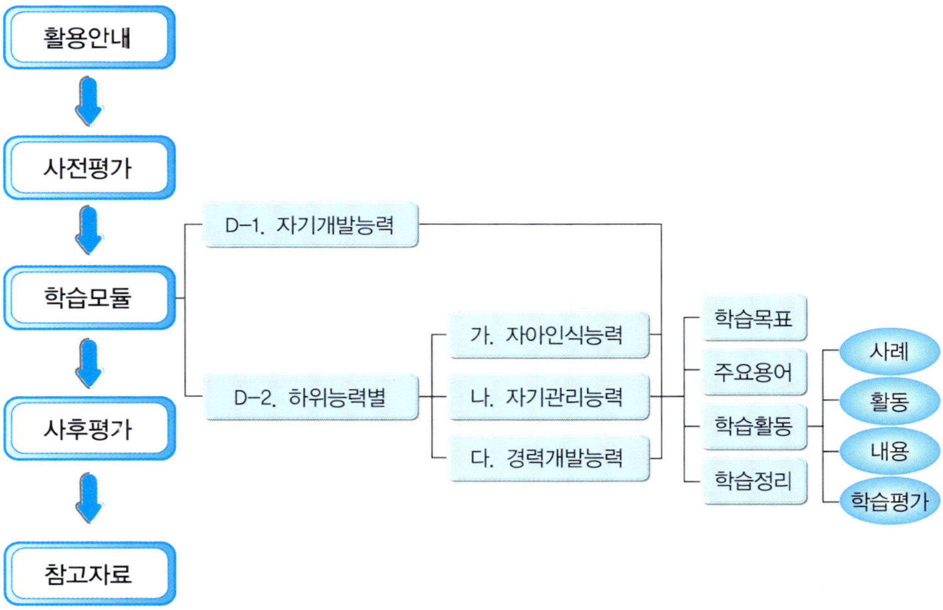

활용안내는 교재의 전체적인 개요와 구성을 설명하고, 학습자에게 교재의 효과적인 활용방법 및 학습방법을 안내하는 역할을 한다.

사전평가는 학습모듈을 학습하기 전에 자기개발능력에 대한 학습자의 현재 수준을 진단하고, 학습자에게 필요한 학습활동을 안내하는 역할을 한다.

학습모듈은 기초직업능력으로서의 자기개발능력에 대한 학습모듈과 자기개발능력을 구성하는 각 하위능력에 대한 학습모듈로 구성되어 있다. 각 학습모듈은 학습목표, 주요용어, 미리보기, 학습활동, 학습내용 요약으로 구성되어 있다.

학습목표에는 각 학습모듈의 목표가 제시되어 있으며, 주요 용어에는 각 학습모듈에 사용되는 중요한 용어(keyword)가 제시되어 있다. 미리보기에는 학습내용의 중요성과 필요성을 인식할 수 있는 사례나 예시가 제시되어 있으며 본문의 내용과 활동을 예고하는 역할을 한다.

각 학습활동은 사례연구, 활동, 내용, 학습평가, 학습정리(내용 요약)로 구성되어 있다. 사례연구에는 직업생활 중 해당 학습활동과 관련된 다양한 사례와 사례를 통해 학습하고자 하는 토의주제가 제시되어 있다. 활동에는 학습자 스스로 생각해보고 자신의 의견을 정리해볼 수 있는 다양한 진단과 체험활동들이 제시되어 있다.

내용에는 해당 학습활동과 관련이 있는 관계지식 및 정보가 제시되어 있으며, 학습평가에는 해당 학습활동의 성취수준을 파악할 수 있는 문항이 제시되어 있다. 학습정리(내용 요약)에는 각 학습모듈의 주요 내용이 정리되어 제시되어 있다.

사후평가에는 모든 학습모듈에 대한 학습을 마친 후 학습자들이 성취수준을 평가하고, 부족한 부분을 피드백 받을 수 있도록 하기 위한 체크리스트가 제시되어 있다. 마지막으로 참고자료에는 학습자들의 학습에 도움을 줄 수 있는 참고도서 및 인터넷사이트가 제시되어 있으며, 학습자가 자기 주도적으로 학습할 수 있도록 각 모듈의 학습평가에 대한 정답 및 해설이 제시되어 있다.

출처 : 국가직무능력표준(www.ncs.go.kr)

사전평가

체크리스트

다음은 모든 직업인에게 공통적으로 요구되는 자기개발능력 수준을 스스로 알아볼 수 있는 체크리스트이다. 본인의 평소 행동을 잘 생각해 보고, 행동과 일치하는 것에 체크해 보시오.

문항	그렇지 않은 편이다.	그저 그렇다.	그런 편이다.
1. 나는 자기개발이 무엇인지 설명할 수 있다.	1	2	3
2. 나는 직업인의 자기개발이 왜 필요한지를 설명할 수 있다.	1	2	3
3. 나는 자기개발이 어떻게 이루어지는가를 이해하고, 자신을 관리하며, 경력을 개발하는 과정을 설명할 수 있다.	1	2	3
4. 나는 자기개발을 방해하는 요인에 대하여 설명할 수 있다.	1	2	3
5. 나는 나에게 적합한 자기개발 계획을 수립할 수 있다.	1	2	3
6. 나는 나를 브랜드화하기 위한 전략을 수립할 수 있다.	1	2	3
7. 나는 자아인식이 왜 중요한지에 대하여 설명할 수 있다.	1	2	3
8. 나는 나를 알아가는 여러 가지 방법들을 설명할 수 있다.	1	2	3
9. 나는 직업인으로서 나의 장단점, 흥미, 적성 등을 설명할 수 있다.	1	2	3
10. 나는 자아인식에서 자기성찰이 왜 중요한지를 설명할 수 있다.	1	2	3
11. 나는 직업인으로서 나의 발전목표를 스스로 수립할 수 있다.	1	2	3
12. 나는 나의 내면(인내심, 긍정적인 마음)을 관리할 수 있다.	1	2	3
13. 나는 여러 가지 방법을 활용하여 나의 업무수행 성과를 높일 수 있다.	1	2	3
14. 나는 합리적인 의사결정과정에 따라 의사결정을 할 수 있다.	1	2	3
15. 나는 경력개발이 무엇인지 설명할 수 있다.	1	2	3
16. 나는 일반적인 경력단계가 어떻게 이루어지는지 설명할 수 있다.	1	2	3
17. 나는 나의 경력개발 단계에 따라 계획을 수립할 수 있다.	1	2	3
18. 나는 경력개발과 관련된 최근의 이슈가 무엇인지 설명할 수 있다.	1	2	3

평가 방법

체크리스트의 문항별로 자신이 체크한 결과를 아래 표를 이용하여 해당하는 개수를 적어보자.

문항	수준	개수	학습모듈	교재(장)
1~6번	그렇지 않은 편이다.	(　　)개	자기개발능력	1, 2, 3장
	그저 그렇다.	(　　)개		
	그런 편이다.	(　　)개		
7~10번	그렇지 않은 편이다.	(　　)개	자아인식능력	4, 5, 6장
	그저 그렇다.	(　　)개		
	그런 편이다.	(　　)개		
11~14번	그렇지 않은 편이다.	(　　)개	자기관리능력	7, 8, 9장
	그저 그렇다.	(　　)개		
	그런 편이다.	(　　)개		
15~18번	그렇지 않은 편이다.	(　　)개	경력개발능력	10, 11, 12장
	그저 그렇다.	(　　)개		
	그런 편이다.	(　　)개		

평가 결과

진단방법에 따라 자신의 수준을 진단한 후, 한 문항이라도 '그렇지 않은 편이다'가 나오면 그 부분이 부족한 것이기 때문에, 제시된 학습내용과 교재 장(Chapter)을 참조하여 해당하는 학습내용을 학습하시오.

출처 : 국가직무능력표준(www.ncs.go.kr)

Contents

제 2 부 자아인식능력

제4장 자아인식능력의 이해

제5장 직업세계와 자기 이해

제 3 부 자기관리능력

제7장 자기관리능력의 이해

제8장 업무수행 성과 향상

제 4 부 경력개발능력

제10장 경력개발

제11장 경력개발 계획 수립

제12장 경력개발 관련 이슈 탐색

PART 1

자기개발능력

Chapter 01

자기개발능력의 이해

Contents

학습목표

1. 평생직장에서 평생직업시대로의 변화를 설명할 수 있다.
2. 자기개발의 의미와 중요성을 설명할 수 있다.
3. 자기개발의 특징을 설명할 수 있다.
4. 직업기초능력으로서 자기개발능력의 정의를 설명할 수 있다.
5. 자기개발능력의 하위능력을 설명할 수 있다.

주요 용어

자기거발	자기개발능력	자아인식
자기관리	경력개발	

미리보기

불안한 미래를 보내는 청년들에게 큰 호응을 불러일으킨 《아프니까 청춘이다》를 펴낸 쌤앤파커스는 창업 4년 만에 연매출 100억 원이 넘는 회사로 급성장하여 출판업계의 이슈가 되었다. 이 회사는 신입직원이 들어오면 자신이 출판업을 통해 무엇을 이루고 싶은지를 선언문으로 작성해 전 직원 앞에서 낭독하고 출판사 복도에 걸어놓는 '사명선언식'을 한다.

쌤앤파커스 박시형 대표는 성공한 많은 사람들이 자기 삶에 대한 목적과 존재 이유가 있다는 사실에 착안해 이런 사내 문화를 만들었다. 직원들은 '사명선언서'를 통해 자신의 큰 꿈과 비전을 확인하고 일을 통해 이를 성취해 나가려는 의지를 갖추게 된다. 사람은 누구나 꿈을 꾸지만, 생활 속에서 그 꿈을 이루는 방법을 찾고 실천하는 것은 차이가 난다.

여러분은 자신의 삶에 대한 목적과 존재 이유에 대해 고민해 본 적이 있는가? 그 목적을 이루기 위해 자신이 갖추어야 할 자질은 무엇이고 이를 어떻게 개발해야 하는지를 알고 있는 사람과 그렇지 못한 사람이 있다. 지금 여러분은 어느 쪽에 속하는지 생각해 보자.

제1장에서는 과거와 달라진 직업세계의 변화에 대해 알아보고, 자기개발능력의 의미와 중요성에 대해 학습한다. 그리고 국가직무능력표준에서 정의한 자기개발능력과 하위능력인 자아인식능력, 자기관리능력, 경력개발능력을 살펴보고, 이를 기반으로 자기개발방법에 대해 알아보도록 한다.

01 평생직장에서 평생직업시대로의 변화

1. 사라지는 평생직장

최근 들어 근로자의 평균 근속연수가 짧아지고 퇴직연령이 낮아지면서 평생직장의 개념이 사라지고 있다. 한 직장에서 정년퇴직을 하는 것이 점차 어려워지면서 이제 평생직업인으로서의 자세가 요구되고 있다. 과거에는 이직이나 전직에 대해 부정적인 시선이 있었지만 요즘은 비정규직 채용이 많고, 경력직으로 직장을 옮기는 것이 일반화되어 있다.

이러한 시대적 흐름에 맞추어 직업을 따라 유랑하는 유목민이라는 뜻의 '잡노마드(jobnomard)'라는 신조어가 생겼을 만큼 직업을 개척하는 사람들이 늘어나고 있다. 잡노마드족은 직업(job)과 유목민(nomad)이 합쳐져 만들어진 단어다. 잡노마드라는 말이 등장한 초기에는 평생직장의 개념이 사라지고 일을 좇아 이곳저곳 직장을 옮겨야만 하는 일종의 '사회적 부작용 현상'으로 이해됐다. 그러나 최근에는 자신의 의지에 따라 자유롭게 직업을 개척하는 사람들이라는 긍정적인 의미로 바뀌고 있다.

실제로 직장인 4,383명을 대상으로 한 설문조사에 따르면, 10명 중 4명은 한 직장, 업종에 얽매이지 않고 자신의 욕구와 능력에 따라 직장, 지역, 업종을 선택하는 잡노마드족인 것으로 나타났다. 전체 응답자의 36.9%인 1,617명이 자신을 잡노마드족에 해당된다고 답했고, 직장인 중 71.1%인 1,151명은 '한 조직이나 공간에 매어 있기 싫다', '새로운 직업에 대한 호기심이 강하다'라고 그 이유를 말했다. 반면, '상황이 여의치 않아서'(12.4%), '분야별 전문가가 될 역량이 부족해서'(5.9%) 등 확실한 자기 직업, 분야를 갖지 못해 잡노마드족이 된 경우는 소수에 불과했다. 얼마 전까지만 해도 잡노마드족은 명예퇴직 등으로 직장을 그만두거나 일자리를 구하지 못한 이들이 불가피하게 다른 직장, 생계수단을 찾는 것으로 이해됐다.

그러나 이러한 현상은 직업세계의 환경 변화에 적응하기 위한 전략으로 등장한 것으로, 다른 설문에서는 실제 직장인들은 심정과 현실이 다르다는 것을 보여 준다. 취업포털 캐리어(www.career.co.kr)가 20~30대 직장인 345명을 대상으로 한 설문조사에서 '평생직장을 원하는가'라는 질문에는 64.3%가 '그렇다'고 대답했다. 그러나 '현 직장이 평생직장이 될 수 있을 것인가'에는 77.5%가 '그렇지 않다'를 선택하여 현실과 이상의 차이가 있는 것으로 조사됐다.

2. 평생직업시대로의 변화

오늘날 사람들은 '일'과 관련하여 불안정성을 경험하고 있다. 과거에는 고용 형태가 안정되고 조직 구성이 안전했기 때문에 '일'은 개인의 삶을 구축하기 위한 견고한 기반과 미래에 대한 비전을 제공하였다. 그러한 안정성은 오늘날 다양한 고용의 형태와 유동적인 조직으로 인해 새롭게 재배치되었고, 그 결과 사람들은 직업세계에서 이전과는 다른 스트레스를 받게 되었다. 즉, 고용의 안정성이 확보되지 않아 생기는 심리적 불안감과 더불어 평생 자신의 경력을 관리해야 하는 부담이 이중으로 작용하고 있다. 더욱이 늘어나는 평균수명에 비례하여 직업을 가지고 일을 해야 하는 능력은 점차 가중되고 있다. 평생직업인으로 사고의 전환이 이루어지고 있는 시점에서 우리는 어떻게 대처해야 하는 것일까?

학교를 졸업하고 직업을 갖는 것은 어느 시대에나 학생들을 고민하게 만드는 문제였다. 최근 우리나라의 취업시장을 살펴보면, 대학 졸업 후 일자리를 잡는 데 평균적으로 10~11개월이 걸린다. 그러나 첫 직장에 취업한 후 4년 이후에도 그 직장에 계속 다니는 비율은 절반 이하(40.5%)에 불과하다. 독립과 관련된 주요 생애사건, 즉 대학졸업, 취업, 결혼은 점차 늦어지는 데 비해서 일자리 잡기는 어렵고 고용상태는 변동이 잦으며 안정성이 떨어지는 것이 현재 20대가 처한 상황이다. 이러한 상황은 비단 우리나라뿐만이 아니다.

20대			30대	
대학생활평균 5년 10개월 (남성: 7년)	졸업 11개월 후 취업	결혼 평균 30~31세	첫출산 30.5세 (여성 기준)	첫 직장 취업 4년 후 40%만 상태 유지

출처 : 대학생을 위한 취업교육, 한국고용정보원(2014).

졸업 후 취업에 성공한다하더라도 오늘날 우리는 자신을 꾸준히 계발하여 가치를 높여야 하는 압력을 받고 있다. 자기개발, 처세술, 자기경영 등에 대한 관련 서적이 계속 쏟아져 나오고 있으며, 자기개발 성공사례들을 각종 매체를 통해 접할 수 있다. 그만큼 요즈음에는 자기개발, 자기개발능력의 중요성이 강조되고 있으며, 자기개발을 하지 않는 직업인은 그만큼 낙오되기 쉽고 성실하지 못한 사람으로 인식하기도 한다.

지속적으로 움직이고 변화하는 환경 속에서 자신의 목표를 성취하고 그 분야에서 인정받기 위해서는 부단한 노력이 필요하다. 특히, 학생시절부터 자신의 흥미와 적성을 이해하고, 전공분야의 트렌드와 사회의 요구를 파악하여 진로 목표를 세우는 것이 중요하다. 해당 분야에서 필요로 하는 지식과 기술, 태도는 무엇인지를 알고 그러한 인재가 되기 위해 노력하는 자기개발능력은 학창시절을 지나 사회생활을 하면서도 끊임없이 요구된다.

사례연구1

정권택 삼성경제연구소 인사조직실장은 1997년 국제통화기금(IMF) 위기와 2008년 금융위기를 기점으로 변모한 직업관의 변천사를 소개했다. 정 실장은 "IMF 위기 이전에는 생애 한 곳의 직장만 다니는 '평생직장'이 가능했기 때문에 회사에 충성심을 가진 인재가 필요했고, 2008년 금융위기 이전까지는 한 분야에 전문성을 가지고 '평생직업'을 추구하는 전문 직업인이 필요했다면, 현재는 자신의 전문성을 무기로 여러 분야를 융합하며 새로운 직업을 개척하는 인재가 세상을 움직이는 '평생경력'의 시대가 됐다"고 강조했다.

그는 '평생경력' 시대를 리드하는 융합능력을 갖춘 인재들은 빠르게 변하는 기업 환경에도 유연하게 적응할 수 있다고 설명했다. 현재 기업들도 기존 사업과 업종을 뛰어넘는 새로운 사업, 혁신적인 제품 창출에 전력을 다하며 변화하고 있기 때문이다. 정 실장은 "과거에는 규칙을 준수하는 근면 성실한 인재가 조직 구성원의 모범이었지만, 이제는 도전의식, 창의성을 가지고 혁신을 주도하는 인재를 선호하게 됐다"고 밝혔다.

위의 사례를 읽고 다음 질문에 대하여 각자의 생각을 정리한 후 팀원들과 공유하시오.

❶ 평생직장시대의 인재상과 평생직업시대 인재상의 차이에 대해 써보시오.

평생직장시대 인재상	평생직업시대 인재상
• • • • •	• • • • •

❷ 특정 분야의 전문성을 지닌 사람, 즉 전문가로 불리는 사람은 어떤 사람인지 그 특징을 설명하시오.

•

•

•

•

•

❸ 평생직업인으로서 전문성을 갖추기 위해 본인이 하고 있는 전공 관련 계획이 있다면 설명하시오.

•

•

•

•

•

02 자기개발의 의미와 중요성

1. 자기개발의 의미

요즘 대학생들의 최대 고민은 취업이라고 해도 과언이 아니다. 대학입학시험을 치르고 들어와 캠퍼스에서 젊음의 낭만을 느끼기도 전에, 졸업 후 전공 분야의 전망은 어떤지를 걱정하는 신입생들을 보게 된다. 특히, 졸업한 선배들의 취업 상황을 전해 들으면서 1학년 때부터 미리미리 취업준비에 들어가는 것이 좋을까 고민도 한다. 전공 수업 스터디를 만들고 관련 자격증 학원과 외국어 학원을 다니고, 기업의 인·적성시험을 위한 스터디부터 면접 대비 스터디까지 다양한 모임을 만들어 취업에 힘쓰고 있다. 이른바 스펙 쌓기 경쟁에 돌입한다.

대부분의 학생들이 이러한 방식으로 취업을 위해 열심히 노력하고 있는데, 한 가지 생각해 보아야 할 점이 있다. 학생들의 전공은 다양하고 취업하고자 하는 기업이나 직무도 다양한데, 취업을 준비하는 방법은 비슷하다는 점이다. 현재 전공이 저마다 다르고 취업을 위해 지원하는 분야가 다른데, 왜 취업준비는 같은 방법으로 하는 것일까?

취업을 준비하는 학생들 사이에서 학력, 학점, 자격 등을 포함하여 토익점수, 어학연수 경험, 공모전 입상, 인턴경력, 사회봉사활동, 심지어 취업성형까지 일명 취업준비 스펙 9종이라는 말까지 나온 요즘 산업체에서는 이와는 다른 이야기를 한다. 이렇게 많은 것을 준비한 대졸 신입사원이 기업에 들어와도 바로 업무에 투입하기가 어렵다고 한다. 실제 업무에 투입하기 위해서는 많은 비용과 시간을 들여 교육을 실시하여야 한다는 것이다. 또한 학생들이 제시하는 자격증들이 실제 지원 분야의 업무와 연관성이 없는 경우가 많고, 수상경력이나 대·내외활동 등이 보여주기 위한 리스트에 불과한 경우도 많다고 한다. 학생들이 취업을 위한 학력과 스펙을 키우기 위해 시간과 노력을 들임에도 불구하고 기업에서 원하는 능력과는 거리가 있다는 것이다.

취업준비생들은 토익 고득점, 자격증 취득, 공모전 등 취업에 성공하기 위해 다양한 스펙 쌓기에 열심이다. 하지만 취준생이 고생해서 쌓은 스펙이 취업에 실제로 도움이 되지 않는다는 조사 결과가 나왔다. 불필요하다고 판단하는 기준은 단연 '직무와의 연관성 부족'(81.1%)을 첫 번째로 꼽았다. 다음으로는 '변별력 없는 스펙'(56.1%), '자격조건을 과하게 넘김'(18.9%), '자격조건에 명시 안 된 스펙'(14%), '취득 시기가 오래됨'(6.3%) 등을 들었다. 인사담당자들이 지원자들이 꼭 갖추어야 할 스펙으로는 '인턴 경험'(31.1%)이 1위였다. 이어 '관련 전공'(28.7%), '아르바이트 경험'(19%), '창업 등 사회활동'(17.1%), 'OA 자격증'(17.1%), '학점'(16.1%), '제2외국어 능력'(13.7%) 등도 꼭 필요한 스펙으로 들었다. 꼭 필요한 이유로는 '실무에 필요한 스펙이어서'(64.9%)를 가장 많이 선택했다.

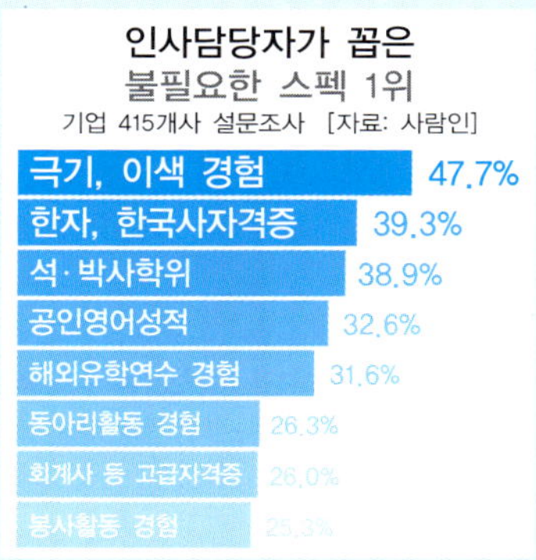

출처 : 국민일보, 2016년 10월 4일자 기사

자신의 적성과 흥미, 그리고 졸업 후 일하고 싶은 분야를 고려하지 않고 다른 사람과 같은 방식으로 자신의 미래를 준비하는 것을 과연 자기개발이라 부를 수 있을까? 이는 자기개발의 의미를 정확하게 이해하지 못하고 행하는 무분별한 스펙 쌓기에 불과하다. 자기개발은 자신의 능력, 적성 및 특성 등에 있어서 강점과 약점을 찾고 확인하여 강점을 강화시키고, 약점을 관리하여 자신의 성장을 위한 기회로 활용하는 것이다. 자기개발능력은 직업인으로서 자신의 능력, 적성, 특성 등의 이해를 기초로 자기 발전목표를 스스로 수립하고 성취해나가는 능력이다. 이러한 능력은 학교를 졸업하고 직업세계에 입문하기 위해서뿐만 아니라 평생직업시대 자신의 경력을 스스로 관리하는 것을 포함한다.

2. 자기개발의 특징

자기개발 및 자기개발능력을 이해하기 위하여 이와 관련한 몇 가지 특징을 정리하면 다음과 같다.

(1) 자기개발의 주체는 자기 자신이다

자기개발에서 개발의 주체는 타인이 아니라 자기 자신이다. 자기를 개발한다고 하는 것은 스스로 계획하고 실행한다는 의미이다. 이와 더불어 자기개발의 객체도 자신이므로 자기의 능력, 적성, 특성 등을 객관적으로 이해하고, 발전 목표를 스스로 수립하여 성취하는 것으로 이해될 수 있다. 따라서 자기개발에서는 자신을 이해하는 것이 첫 걸음이라고 할 수 있다.

(2) 자기개발의 방법은 사람마다 다르다

자기개발은 개별적인 과정으로서 자기개발을 통해 지향하는 바와 선호하는 방법 등이 사람마다 다르다. 따라서 개인은 자신의 이해를 바탕으로, 자신에게 앞으로 닥칠 환경 변화를 예측하고, 자신에게 적합한 목표를 설정하며, 자신에게 알맞은 자기개발전략이나 방법을 선정하여야 한다.

(3) 자기개발은 평생에 걸쳐서 이루어지는 과정이다

흔히 자기개발을 학교단계에서 이루어지는 교육이라고 생각하거나 어떤 특정한 사건이나 요구가 있을 때에 일시적으로 이루어지는 과정이라고 생각하기도 한다. 그러나 우리의 직장생활을 둘러싸고 있는 환경은 끊임없이 변화하고 있으며 지속적으로 학습할 것을 요구한다.

(4) 자기개발은 일과 관련하여 이루어지는 활동이다

우리의 인생은 일과 밀접한 관련이 있으며, 현재 직업을 가지고 있지 않더라도 직업을 탐색하고 이를 준비하는 과정을 거친다. 우리는 대부분 일과 관련하여 인간관계를 맺으며, 일과 관련하여 우리의 능력을 발휘하고 개발하고자 한다.

(5) 자기개발은 생활 속에서 이루어지는 실천이다

자기개발은 어떤 특정한 교육훈련기관에 가서 교육 프로그램을 이수하는 것만을 의미하지 않는다. 자신이 현재 하고 있는 직무 혹은 지향하는 직업세계와 관련하여 자신의 역할 및 능력을 점검하고 개발 계획을 수립하며 생활 속에서 실천하는 것이 중요하다.

(6) 자기개발은 모든 사람들에게 필요한 활동이다

사람들은 흔히 자기개발은 조직의 리더 또는 특정 분야의 전문가들이 하는 것이라고 생각한다. 그러나 자기개발은 업무능력을 향상시켜 효과적으로 업무를 수행하고, 자신이 설정한 목표를 달성하고자 하는 사람이라면 누구나 해야 되는 것이다.

사례연구 2

국내 L그룹은 외국어와 자격증 등 이른바 '스펙'을 보지 않고 직무수행능력만으로 평가하는 '스펙태클 오디션' 채용 공고를 냈다. 스펙태클 오디션은 '화려한 볼거리(Spectacle)'와 '무분별한 스펙 쌓기에 태클을 건다(Spec-tackle)'라는 중의적인 뜻으로, 학벌이나 스펙 중심의 서류 전형에서 벗어나 지원자의 직무능력수행과 역량만을 평가하는 롯데의 채용 전형이다. 입사 지원서에는 이름 · 이메일 · 주소 · 연락처 등 기본적 인적 사항만 기재하고, 서류전형은 직무와 관련된 기획서나 제안서, 자기 홍보 동영상 등을 통해 이루어진다. 면접 전형도 프레젠테이션이나 과제 수행 등의 방식으로 진행된다. 가령, 편의점사업 관련 계열사는 1인 가구를 위한 편의점 도시락 메뉴를 직접 기획하고 제작하는 과제를 통해 푸드 상품기획자(MD)를 채용할 계획이다. 레저사업 관련 계열사 지원자는 테마파크 견학 후 개선방안을 제안하는 프레젠테이션을 거쳐야 한다. 첨단소재와 정보통신계열사 지원자는 각각 트렌드 분석 능력과 프로그램 코딩 등을 통해 합격자를 가릴 예정이다.

1. 능력 중심 채용(Onspec Competency Based Recruitment)이란 무엇인지 능력 중심 채용 홈페이지를 참고하여 설명하시오. (http://www.ncs.go.kr/onspec/main.do)
   -
   -
   -

❷ 능력 중심 채용의 관점에서 〈나에게 어울리는 직업〉을 가지려면 준비해야 하는 것은 무엇인지 써보시오.

구분	나에게 어울리는 직업 관련 준비사항
학교생활	
자격증	
인턴/아르바이트 경험	
프로젝트/공모전	

03 자기개발의 방법

국가직무능력표준에서는 자기개발능력은 직업인으로서 자신의 능력, 적성, 특성 등의 이해를 기초로 자기 발전 목표를 스스로 수립하고 자기관리를 통하여 성취해 나가는 능력을 의미한다. 직업기초능력으로서의 자기개발능력은 표 1-1 에서와 같이 자아인식능력, 자기관리능력, 경력개발능력으로 구성되어 있다.

표 1-1 직업기초능력으로서의 자기개발능력

하위능력	하위능력 개념
자아인식능력	자신의 흥미, 적성, 특성 등을 이해하고, 이를 바탕으로 자신에게 필요한 것을 이해하는 능력
자기관리능력	업무에 필요한 자질을 지닐 수 있도록 스스로를 관리하는 능력
경력개발능력	끊임없는 자기 개발을 위해서 동기를 갖고 학습하는 능력

1. 자아인식이란?

직업인의 자아인식이란 직업생활과 관련하여 자신의 가치, 신념, 흥미, 적성, 성격 등 자신이 누구인지 파악하는 것이다. 자아인식은 자기개발의 첫 단계가 되며 자신이 어떠한 특성을 가지고 있는지를 바르게 인식할 수 있어야 적절한 자기개발이 이루어질 수 있다. 자신을 알아가는 방법으로는 내가 아는 나를 확인하는 방법, 다른 사람과의 대화를 통해 알아가는 방법, 표준화된 검사 척도를 이용하는 방법 등이 있다.

2. 자기관리란?

자기관리란 자신을 이해하고, 목표를 성취하기 위하여 자신의 행동 및 업무 수행을 관리하고 조정하는 것이다. 자기관리는 자신에 대한 이해를 바탕으로 비전과 목표를 수립하며, 이에 대한 과제를 발견하고, 자신의 일정을 수립한 후 조정하여 자기관리를 수행하고, 이를 반성하여 피드백하는 과정으로 이루어진다.

3. 경력개발이란?

경력은 일생에 걸쳐서 지속적으로 이루어지는 일과 관련된 경험이며, 경력개발은 개인의 경력목표와 전략을 수립하고 실행하며 피드백하는 과정이다. 직업인은 한 조직의 구성원으로서 자신의 조직과 함께 상호작용하며 자신의 경력을 개발해 나가는 노력을 해야 한다. 경력개발은 자신과 상황을 인식하고 경력 관련 목표를 설정하여 그 목표를 달성하기 위한 과정으로 경력 계획을 준비하고 실행하며 피드백하는 경력관리로 이루어진다.

사례연구 3 나에게 어울리는 직업을 찾아봅시다.

❶ 직업을 적어 봅시다.

도전 직업		추천 직업		소망 직업	

❷ 자신의 생각을 잘 정리해 봅시다.

대안 / 비교항목 (가중치)	도전직업명	추천직업명	소망직업명
하면 재미있을까? (점)			

내 능력으로 가능할까? (점)			
앞으로 유망할까? (점)			
돈을 많이 벌 수 있을까? (점)			
시간적 여유는 있나? (점)			
부모님은 어떻게 생각하실까? (점)			
종합			

도전직업: 요즘 새롭게 뜨는 직업 중 본인이 관심이 있는 직업
추천직업: 직업선호도 검사 결과나 주변에서 본인에게 어울릴 것 같다고 추천하는 직업
소망직업: 본인이 목표로 하고 있는 직업
점수배점: 방법1) 각 비교항목별 10점을 배정하여 60점 만점으로 단순 비교
방법2) 비교항목 중에서 자신의 직업선택에 중요한 결정요인이 있는 경우 해당 비교항목에 가중치에 추가 5점을 적용하여 배정(10→15점)
출처: 한국고용정보원.

학습평가

01 다음은 자기개발에 대한 설명이다. ( ) 안에 각각 들어갈 적절한 용어를 적으시오.

> 자기개발능력은 (   )으로서 자신의 능력, 적성, 특성 등의 이해를 기초로 자기 발전 목표를 스스로 수립하고 성취해나가는 능력이다.

02 다음 중 자기개발능력의 하위능력과 거리가 먼 것은 무엇인가?

① 자아인식능력 ② 자기관리능력
③ 경력개발능력 ④ 처세능력

03 다음은 자기개발의 특징과 관련된 설명이다. 맞으면 ○, 틀리면 ×로 표시하시오.

① 자기개발의 주체는 자기 자신이다. ( )
② 자기개발방법은 사람마다 다르다. ( )
③ 자기개발은 입학, 취업 등 특정 시기에 걸쳐 이루어지는 과정이다. ( )

04 **직업기초능력으로서의 자기개발능력에 대한 설명을 올바르게 연결하시오.**

① 자아인식능력	A. 끊임없는 자기개발을 위해서 동기를 가지고 학습하는 능력
② 자기관리능력	B. 자신의 흥미, 적성, 특성 등을 이해하고, 이를 바탕으로 자신에게 필요한 것을 이해하는 능력
③ 경력개발능력	C. 업무에 필요한 자질을 지닐 수 있도록 스스로를 관리하는 능력

05 **평생직업시대 자기관리능력의 중요성에 대해 서술하시오.**

학습 내용 요약

1. 평생직장의 개념이 사라지고 평생직업시대로 전환하면서 자기개발능력의 중요성이 강조되고 있다.
2. 자기개발은 자신의 능력, 적성 및 특성 등에 있어서 강점과 약점을 찾고 확인하여 강점을 강화시키고, 약점을 관리하여 자신의 성장을 위한 기회로 활용하는 것이다.
3. 자기개발은 평생에 걸쳐서 이루어지는 과정으로 모든 사람에게 필요한 활동이다. 자기개발의 주체는 자기 자신이며 그 방법 또한 개인마다 다르다. 또한 자기개발은 일과 관련하여 생활 속에서 실천을 통하여 이루어지는 활동이다.
4. 자기개발능력은 직업인으로서 자신의 능력, 적성, 특성 등의 이해를 기초로 자기 발전 목표를 스스로 수립하고 성취해나가는 능력이다.
5. 직업기초능력으로서 자기개발능력은 자아인식능력, 자기관리능력, 경력개발능력으로 구성된다.

Memo

Chapter

02

자기개발 계획 수립

Contents

1. 자기개발의 방해요인
2. 자기개발의 설계전략
3. 자기개발을 위한 SWOT 분석

학습목표

1. 자기개발의 방해요인을 설명할 수 있다.
2. 자기개발과 관련된 장애요인을 해결할 수 있다.
3. 자기개발의 설계전략을 제시할 수 있다.
4. SWOT 분석을 활용하여 자신의 강점과 약점을 파악할 수 있다.
5. 자기개발 계획을 수립할 수 있다.

주요 용어

장애요인	내적 요인	외적 요인
자기개발 설계전략	SWOT 분석	자기개발 계획

미리보기

1979년 하버드 경영대학원 졸업생들에게 "명확한 장래 목표를 설정하고 기록한 다음 그것을 성취하기 위한 계획을 세웠는가?"라는 질문을 해 보았더니 졸업생의 3%만이 목표와 계획을 세웠다고 하였다. 그리고 13%는 목표가 있지만 그것을 직접 기록하지는 않았고, 나머지 84%는 학교를 졸업하고 여름휴가를 즐기겠다는 것 외에는 구체적인 목표가 전혀 없었다고 답하였다. 10년 후인 1989년에 연구자들은 그들을 대상으로 다시 인터뷰를 하였다. 목표가 있었지만 그것을 기록하지 않았던 13%는 목표가 전혀 없었던 학생들보다 평균 2배의 수입을 올리고 있었으며, 명확한 목표를 기록했던 3%는 나머지 졸업생들보다 평균 10배의 수입을 올리고 있었다고 한다. 그들 사이의 유일한 차이는 졸업할 때 얼마나 명료한 목표를 세우고 그것을 글로 적었는가 하는 점이다.

인생의 목표를 정하는 것은 삶에 대한 방향성을 가지고 자신의 시간과 노력을 쏟아 부을 수 있게 만드는 것이다. 하지만 실제로 목표를 설정하는 사람은 많지 않고 '행복해지고 싶다'거나 '돈을 많이 벌고 싶다'와 같은 소망을 가지고 있는 경우가 대부분이다. 인생목표를 달성하기 위해 단기목표를 세우고 그것을 실천해 나가고 있는 사람은 큰 그림을 가지고 있기에 당장의 욕심과 불안에 흔들리지 않는다.

제2장에서는 자기개발 계획을 수립하기 위한 자기점검과 설계전략에 대해 학습한다. 먼저 자기개발을 저해하는 요인들을 살펴보고 이러한 장애요인을 해결하는 방법에 대해 학습한다. SWOT 분석을 통해 자신의 강점과 약점을 파악하여 실질적인 자기개발 계획을 수립할 수 있도록 한다.

01 자기개발의 방해요인

오늘날 빠르게 변화하는 사회 환경 속에서 사람들은 자기개발의 중요성과 필요성을 잘 알고 있다. 하지만 실제로 목표를 설정하고 이를 달성하기 위한 구체적인 전략을 실천하는 사람은 많지 않다. 특히, 인생의 장기적인 목표를 설정하고 이를 달성하기 위한 단기목표를 세우는 체계적인 방법을 사용하는 사람은 적다. 그러다 보니 장기적인 안목을 가지고 정보를 수집하고 새로운 영역에서의 가능성을 탐색하여 자신의 강점을 개발하는 지속적인 과정을 놓치기 쉽다. 당장 하루하루 닥치는 일상의 일을 해결하는 데 치중하거나 그 과정에서 겪는 실패와 좌절로 인해 큰 목표를 잊고 우선순위를 상실하는 경우도 흔하다.

훌륭한 업적을 남긴 사람들의 공통점은 장기적인 목표와 이와 연관된 단기적인 목표를 가지고 있었다는 점이다. 그리고 각각의 단기적인 목표들을 이루어 나가면서 긴 시간을 지나 인생의 목표에 도달했다는 것이다. 『백만불짜리 습관』의 저자인 자기개발 전문가 브라이언 트레이시는 성공하는 사람들이 가진 중요한 특징 중 하나로 '시간을 길게 보는 안목'을 꼽았다. '시간을 길게 보는 안목'은 미래의 상황까지 미리 고려하는 힘을 의미한다. 평범한 사람들은 보통 3일 정도의 미래를 생각하는 안목을 가지고 있는 데 반해 위대한 인물들의 경우 5~10년 이상을 내다보는 안목을 가지고 있다고 한다.

소프트뱅크의 손정의 회장은 19살에 긴 시간 안목으로 인생의 목표를 세웠다. 회사는 300년을 내다보는 안목을 가지고 가야 한다는 것이 그의 평소 지론이었다. 손정의 회장은 다음과 같은 인생 계획을 세웠다.

10대	결의	인생 50년 계획을 수립한다.
20대	이름을 알린다.	자신의 사업을 시작한다. 자신의 분야에 이름을 알린다.
30대	사업자금을 모은다.	사업자금은 1, 2조 원 단위 규모여야 한다.
40대	큰 승부를 건다.	10조~20조 원으로 셀 수 있는 규모의 승부를 한다.
50대	사업을 완성시킨다.	나의 인생 계획 모델은 50대에 완성한다.
60대	후계자 양성	다음 세대에 사업을 계승한다.

손정의 회장은 2000년대 초반 버블붕괴 등으로 큰 어려움을 겪었으나, 결과적으로는 위와 같이 자신이 세웠던 인생 계획의 목표를 대부분 달성해내는 놀라운 모습을 보여 주었다. 손정의 회장이 성공할 수 있었던 이유는 누구보다도 시간을 길게 보는 안목을 가지고 반드시 달성하겠다는 의지를 가지고 계획들을 실천했기 때문이다. 실제로 손정의 회장은 자신이 19살에 세운 스스로의 인생 계획을 단 한 번도 바꾸지 않았다고 밝히고 있다.

출처 : 〈성공하는 사람들의 목표관리 시스템〉 중

자기개발을 할 때에 인간의 욕구와 감정이 작용하여 자기개발에 대한 태도를 형성하게 된다. 보다 큰 목표를 향해 방향성을 유지하며 작은 목표들을 이루어가야 하지만 당장 해결해야 하는 일상의 문제들로 인해 우리의 관심 밖으로 밀려나는 경우가 있다. 또한 제한적인 정보와 사고 습관 때문에 자신을 객관적으로 파악하는 데 실패하여 스스로를 부정적으로 평가하거나 반대로 지나치게 낙관적으로 평가하여 실제 필요한 역량을 키우지 못하는 경우도 있다. 특히, 사람은 현재 익숙한 상황에 정착하려는 경향 때문에 새로운 영역에 도전하거나 이전과 다른 선택을 하는 데에 있어 어려움을 겪게 된다. 자기개발을 어렵게 하는 장애요인들을 살펴보자.

1. 우리의 욕구와 감정이 작용하기 때문이다

매슬로(A. H. Maslow 1908~1970)가 인간의 욕구를 5단계로 제안한 것과 같이 인간은 누구나 다양한 욕구를 가지고 이를 충족시키기 위해서 행동한다. 매슬로는 인간의 욕구는 생리적 욕구부터 시작되고, 전 단계의 욕구가 충족이 되어야 다음 단계가 충족되기를 원한다고 하였다. 따라서 자기실현의 욕구는 최상위의 욕구로서 생리적 욕구, 안정의 욕구, 사회적 욕구, 존경의 욕구 등과 같이 더 기본적인 욕구들이 충족된 다음에야 추구될 수 있다. 인간은 감정을 가지고 있어 긍정적 혹은 부정적 감정에 따라 적극적이거나 소극적인 태도를 보이게 된다. 이러한 욕구와 감정이 합리적으로 통제되지 않으면 자기개발이 이루어지기 쉽지 않게 된다.

2. 제한적으로 사고하기 때문이다

인간의 사고는 자기중심적이다. 사람들은 자신이 한 행동에 대하여 자기 합리화하려는 경향이 있으며, 자신의 주장과 반대되는 주장에 대해서는 무의식적으로 배척하게 된다. 또한 스스로 만든 인식의 틀 안에서 사고하여 어떤 선입견이 작용하게 되면 다음의 사고과정도 편향되게 된다. 이러한 제한적인 사고는 자신의 장·단점을 객관적으로 파악하는 데 장애요인으로 작용하여 자기개발의 방향 설정을 방해한다.

3. 문화적인 장애에 부딪히기 때문이다

우리는 가정 환경, 사회 환경, 직장환경 등 많은 환경에 둘러싸여 있으며, 그 속에서 우리의 행동을 규정하는 문화를 형성하고 있다. 문화란 어떤 것은 옳고 그르며, 선호하고 선호하지 않는 가치체계로 법률, 규칙, 도덕, 습관 등의 틀로 이루어진다. 우리는 우리가 속한 문화와 끊임없이 상호작용하며, 문화의 틀 안에서 관성의 법칙에 따라 사고하고 행동하게 된다. 따라서 우리는 현재 익숙해져 있는 일과 환경을 지속시키려는 습성이 있어서 새로운 자기개발의 한계에 직면하게 된다.

4. 자기개발방법을 잘 모르기 때문이다

사람들은 자기개발을 하려고 하되 어디서 어떻게 자기개발을 할 수 있는지 방법을 모르는 경우가 있다. 이를 위해서는 자기개발과 관련된 교육 프로그램이 무엇이 있는지, 이를 제공하는 교육기관은 어디에 있는지 등을 알 필요가 있으며, 더불어 직업인의 자기개발에 대한 국가의 재정 지원이 이루어지는 사업에 대해서도 살펴볼 필요가 있다. 자기개발과 관련된 정보원으로는 인터넷 검색을 가장 손쉽게 활용할 수 있으며, 최근에 자기개발에 대한 서적이 많이 있으므로 이를 활용하는 것도 한 방법이다.

사례연구 1

대학생 39.9% "다른 전공 하고파"

※대학생 4,168명 설문조사 결과, 자료제공: 잡코리아 × 알바몬

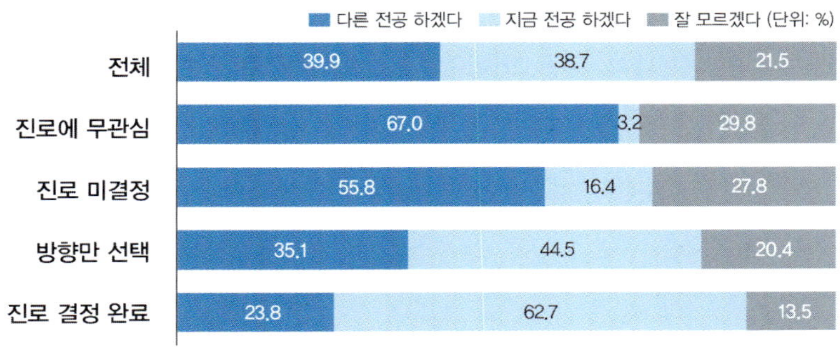

대학생 5명 중 3명 이상은 전공에 대한 회의감과 불확실한 미래에 대한 불안에 초조해 하는 이른바 '대2병'을 앓고 있는 것으로 나타났다. 취업포털 잡코리아는 최근 아르바이트 포털 알바몬과 함께 대학생 416명을 대상으로 설문조사를 실시한 결과 이같이 나타났다고 24일 밝혔다.

자신이 대2병을 앓고 있다고 생각하는지 묻자 응답자의 64.6%가 '그렇다'고 답했다. 특히 '3학년'(75.3%)과 '2학년'(74.7%)이 70% 이상으로 높았다. '4학년'의 경우도 69.7%로 높은 비중을 보인 가운데 '1학년'은 43.3%로 상대적으로 비중이 낮았다. 또한 진로를 결정했냐는 질문에 '명확하게 진로를 결정, 이를 준비하고 있다'고 답한 응답자는 20.4%에 그쳤다. 절반에 가까운 46.5%의 대학생은 '대강의 방향을 설정하고 진로를 탐색하고 있다'고 답했다. '진로에 대해 관심이 없거나 포기한 상태'란 응답도 2.3%였다. 특히 4학년 중 진로포기를 선택한 응답자는 5.4%로 1.6~1.7% 수준에 그친 다른 학년보다 3배나 그 비중이 높았다. 아울러 대학생 중 '순탄하게 원하는 대로 취업할 수 있을 것'이라 낙관하는 응답은 겨우 13.5%에 그쳤다. 18.7%의 대학생들이 '취업에 많은 어려움을 겪을 것'이라는 비관적인 전망을 내놨다. 대부분의 대학생들이 '다소 어려움은 있겠지만 어떻게든 취업할 수는 있을 것(67.8%)'이라고 생각하고 있었다.

전공 만족도도 높지 않았다. 대학생들에게 전공을 다시 정할 수 있다면 현재의 전공을 선택하겠냐고 질문한 결과 '다시 선택해도 지금 전공을 택할 것(38.7%)'이란 응답보다 '다른 전공을 택할 것(39.9%)'이란 응답이 소폭 높게 나타났다. '잘 모르겠다'고 즉답을 피한 응답도 21.5%였다. 전공 선택 계기를 살펴보면 성적에 따라 선택한 경우가 '다른 전공을 선택하겠다'는 응답

이 64.1%로 가장 높아 전공만족도가 가장 낮았다. 이어 '주변 권유'(57.2%) '취업이 잘 될 것 같아서'(42.9%)도 다른 전공으로 바꾸겠다는 응답이 높게 나타났다.

취업에 대한 기대 역시 전공 만족에 적지 않은 영향을 미치는 것으로 나타났다. 취업을 낙관한다고 답한 대학생들은 '다시 선택한대도 지금의 전공을 택할 것'이라는 응답이 59.1%로 높은 반면 취업을 비관하는 대학생들은 그 비중이 19.7%로 3분의1 수준이었다.

파이낸셜뉴스, 2019.4.24.
http://www.fnnews.com/news/201904240822485557

❶ 전공을 선택하는 과정에서 가장 큰 영향을 끼친 사람은 누구입니까?

❷ 전공을 선택하는 과정에서 가장 중요하게 고려한 사항은 무엇입니까?

❸ 현재 전공과 관련하여 자신이 만족하는 부분과 만족하지 못하는 부분은 무엇입니까?

02 자기개발의 설계전략

1. 자기개발 설계 고려사항

자기개발에 대한 계획을 수립한다고 해서 모든 목표를 달성할 수 있는 것은 아니다. 자기개발목표를 성취하기 위해서는 다음과 같은 전략을 고려하여 목표를 수립하고 자기개발방법을 선정하여야 한다.

1.1 장·단기 목표를 수립한다

장·단기를 구분하는 기준은 개인에 따라 중요한 생애전환기(결혼, 취직, 이직 등)를 기준으로 바뀔 수도 있으나 보통 장기목표는 5~20년 뒤를 설계하며, 단기목표는 1~3년 정도의 목표를 의미한다. 장기목표는 자신의 욕구, 가치, 흥미, 적성 및 기대를 고려하여 수립하며 자신의 직장에서의 일과 관련하여 직무의 특성, 타인과의 관계 등을 고려해야 한다. 단기목표는 장기목표를 이룩하기 위한 기본단계가 되며, 이를 위해 필요한 직무 관련 경험, 개발해야 될 능력 혹은 자격증, 쌓아두어야 할 인간관계 등을 고려하여 수립한다.

장기목표 10년	나는 앞으로 10년 후 ( )을 하고 있을 것이다.

↑

단기목표 3~5년	1. 2. 3.

1.2 인간관계를 고려한다

우리는 가족, 친구, 직장동료, 부하직원, 상사, 고객 등 많은 인간관계를 맺고 살아가고 있으므로 이러한 관계를 고려하지 않고 자기개발 계획을 수립한다면 계획을 실행하는 데 어려움을 겪게 된다. 또한 다른 사람과의 관계를 발전시키는 것도 하나의 자기개발목표가 될 수 있다.

구분	나의 자기개발 계획에 대한 지지 또는 반대 의견
가족	
친구	
기타	

1.3 현재의 직무를 고려한다

직업인이라면 현재의 직무와 관계된 일을 계속하든, 아니면 전혀 새로운 일을 탐색하여 수행하든지 현재의 직무상황과 이에 대한 만족도가 자기개발 계획을 수립하는 데 중요한 역할을 담당하게 된다. 따라서 현 직무를 담당하는 데 필요한 능력과 이에 대한 자신의 수준, 개발해야 할 능력, 관련된 적성 등을 고려해야 한다. 대학생의 경우 전공기반으로 졸업 후 사회 진출할 분야를 탐색하고 해당 분야에서 일하기 위해 필요한 자격과 능력을 확인한 후 자기개발 계획을 세워야 한다.

구분	진로목표 분야 요구 수준
자격 및 교육수준	
요구능력 및 기술	
태도 및 가치관	

1.4 구체적인 방법으로 계획한다

계획은 실천 및 달성 여부를 판단하기 위해 구체적으로 기술하여야 한다. 자신이 수행해야 할 자기개발방법을 명확하고 구체적으로 수립하면 노력을 집중하고 효율화할 수 있으며, 이에 대한 진행과정도 손쉽게 파악할 수 있다. 예를 들어, '영어 공부하기'라는 추상적인 방법보다 '1시간 일찍 출근하여 매일 영어 공부하기' 등으로 구체적인 방법을 계획한다. 다만, 장기목표일 경우 때에 따라서 매우 구체적인 방법을 계획하는 것이 어렵거나 바람직하지 않을 수 있다.

2. 자기개발 계획 수립이 어려운 이유

학생이나 직업인 모두에게 있어서 자기개발 계획을 수립하는 전략을 알고 있다고 하더라도 자기개발 계획을 구체적으로 설계하는 일은 어려운 일이다. 이는 자기개발 계획을 수립하는 데 많은 장애요인이 있기 때문이다. 장애요인으로는 다음과 같이 자신이나 작업에 대한 정보가 부족하거나, 의사결정에 대한 자신감의 부족, 주변 환경의 문제가 있을 수 있다.

- 자기정보의 부족 : 자신의 흥미, 장점, 가치, 라이프 스타일을 충분히 이해하지 못함
- 내부 작업정보 부족 : 회사 내의 경력기회 및 직무 가능성에 대해 충분히 알지 못함
- 외부 작업정보 부족 : 다른 직업이나 회사 밖의 기회에 대해 충분히 알지 못함
- 의사결정 시 자신감의 부족 : 자기개발과 관련된 결정을 내릴 때 자신감 부족
- 일상생활의 요구사항 : 개인의 자기개발목표와 일상생활(가정) 간 갈등
- 주변상황의 제약 : 재정적 문제, 연령, 시간 등

사례연구 2

❶ 지난해 계획했으나 마무리하지 못한 일이 있다면 무엇인지 쓰고 그 이유를 설명하시오.

구분	마무리 하지 못한 일
개인적 목표	
학업적 목표	
직업적 목표	

❷ 나의 결정을 사라지게 하는 부정적인 생각은 무엇인가?

구분	부정적인 생각
개인적 목표	
학업적 목표	
직업적 목표	

❸ 나의 목표를 이루는 데 필요하지만 나에게 없는 것은 무엇인가?

구분	목표를 이루는 데 필요하지만 내게 없는 것
개인적 목표	
학업적 목표	
직업적 목표	

03 자기개발을 위한 SWOT 분석

1. 자신의 강점 이해

목표 설정은 자신의 신념과 행동의 방향성을 설정하지만 그것을 어떻게 달성해야 하는지 방법에 있어서 또 다른 전략이 필요하다. 목표를 달성하는 데 기본적으로 필요한 것은 자신의 강점을 극대화하고 약점을 보완하는 것이다. 자신에 대해 현실적으로 객관화하여 스스로를 평가하는 것은 매우 중요하다. 자신의 역량에 대한 확신을 바탕으로 자신을 믿을 때 우리는 목표를 향해 달려갈 수 있는 힘이 생긴다. 그것이 바로 자신감이며 이는 장애와 실패를 극복하고 성공할 수 있다는 기대를 가지고 움직이게 하는 원동력이다.

"강점에 집중하자"

유대인들의 지혜를 담은 유명한 책 탈무드에는 '농부와 두 마리 닭'에 관한 이야기가 나온다. 한 농부에게는 두 마리의 닭이 있었는데, 한 마리는 알도 잘 낳고, 매우 건강하게 자랐다. 하지만 다른 한 마리는 이와는 대조적으로 늘 비실비실하기만 했다. 알도 제대로 낳지 못했다. 이 때문에 농부는 늘 병약한 그 닭이 마음에 걸렸다. 어떻게 하면 연약한 닭을 튼튼하게 키울 수 있을까를 고민하다, 결국 좋은(?) 아이디어를 생각해 낸다. 농부가 찾은 해결책은 건강한 닭을 잡아 죽을 끓여 병약한 닭에게 먹이기로 한 것이다. "건강한 닭을 잡아 죽을 끓였단다. 어서 먹고 튼튼하게 자라주렴!" 뭐 이런 계산이었다. 농부의 행동은 물론 어리석고 잘못된 일이다.

이 이야기처럼 우리는 어쩌면 삶을 살아가면서 정말 말도 안 되는 실수를 범하고 있을지도 모른다. 다시 말해 자신의 경쟁력을 키우고 핵심에 집중해 강점을 계발한다 하면서도, 본인도 모르게 단점에 신경을 쓰고 약점을 보완하려고만 하고 있는지도 모른다. 유한한 시간과 한정된 역량하에서 단점을 보완하려다 보면, 결국 장점마저도 잃게 되는 잘못된 결과를 초래할 수밖에 없다. 물론 나의 단점이 나의 강점에 장애물이 되면 안 된다. 따라서 단점도 보완해야 되지만, 그것은 단점이 장점을 가로 막지 않을 정도면 충분하다. 반대로 나의 강점은 조금만 더 열심히 노력해 개발하면 최상위 수준까지 끌어올릴 수 있다. (중략) 이에 대한 피터 드러커의 지적은 적절하다. "성공한 사람들을 살펴보면, 자신의 약점을 보완해서 그것을 발판으로 성공한 사람은 아무도 없다. 철저하게 자신의 강점을 살리고 개발함으로써 성공한다는 사실을 알아야 한다."

출처 : 인천일보 2016년 6월 14일자, 김광태 농협 안성교육원 교수 기고문

2. 강점 이해를 위한 SWOT 분석

SWOT 분석이란 목표 달성을 위하여 자신의 강점(strength)과 약점(weakness)을 발견하고, 나를 둘러싼 외부 환경을 분석하여 기회(opportunity)와 위협(threat)을 찾아낸 다음 강점은 살리고 약점은 없애며, 기회는 활용하고 위협은 회피하는 전략 수립방법이다. 이 방법을 통해 자신의 진로목표 달성을 위한 강점과 약점, 기회와 위협요소를 분석해 보자.

- S(Strength) : 자신이 소유한 지식, 기술, 태도 등 능력을 말하며, 본인의 장점과 강점
- W(Weakness) : 지식, 기술, 태도 등 능력의 부족한 부분 또는 부족한 자원
- O(Opportunity) : 외부 환경 변화로 인해 자신이 갖는 기회요인
- T(Threat) : 자신에게 불리하게 작용하는 외부 환경요인

나의 진로목표는 ______________________

	강점(Strength)	약점(Weakness)
내부 환경 (나의 상황)		
	기회(Opportunity)	위협(Threat)
외부 환경 (나를 둘러싼 환경)		

사례연구 3

❶ 나의 진로목표와 관련하여 Have-Want 매트릭스를 작성하시오.

- Ⅰ : 현재 소유하고 있으면서 앞으로도 나의 인생에 있기를 원하는 것
- Ⅱ : 현재 가지고 있지만 원하지 않는 것이나 버려야 할 것
- Ⅲ : 현재 가지고 있지 않고 또한 앞으로도 원하지도 않는 것
- Ⅳ : 현재 가지고 있지는 않지만 앞으로 원하는 것

	Have		
Don't Want	Ⅱ	Ⅰ	Want
	Ⅲ	Ⅳ	
	Don't have		

출처 : 한국고용정보원 CAP+청년층 직업지도 프로그램

❷ 현재 소유하고 있으면서 앞으로도 나의 인생에 있기를 원하는 것을 발전시키기 위한 나의 노력을 구체적인 행동 계획으로 서술하시오.

❸ 현재 가지고 있지는 않지만 진로목표 달성을 위해 필요한 것을 얻기 위한 나의 노력을 구체적인 행동 계획으로 서술하시오.

학습평가

01 다음은 자기개발의 방해요인에 대한 설명이다. ( ) 안에 각각 들어갈 적절한 용어를 적으시오.

> 자기개발을 할 때에는 인간의 (　　　)와 (　　　)이 작용하여 자기개발에 대한 태도를 형성하고, 제한적인 정보와 사고습관 때문에 자신을 객관적으로 파악하는 데 실패하며, 현재 익숙한 상황에 정착하려는 경향 때문에 어려움을 겪게 된다.

02 다음 중 자기개발 계획을 수립하기 위한 전략에 대한 설명으로 맞는 것은?

① 장기목표는 단기목표 수립을 위한 기본단계이다.
② 장・단기목표 모두 반드시 구체적으로 작성한다.
③ 인간관계는 자기개발목표 수립 시 고려해야 할 사항이다.
④ 미래에 대한 계획이므로 현재 전공을 고려할 필요가 없다.

03 다음은 자기개발 방해요인에 대한 설명이다. 맞으면 ○, 틀리면 ×로 표시하시오.

① 인간의 욕구와 감정이 작용하여 자기개발이 어렵다. (　)
② 인간은 합리적이어서 자신의 장・단점을 객관적으로 파악하는 것이 쉽다. (　)
③ 사람은 익숙한 상황에 정착하려는 경향이 있다. (　)

04 자기개발 계획 수립 시 장애요인에 대한 설명을 바르게 연결하시오.

① 자기정보 부족	A.	• 다른 직업이나 회사 밖의 기회에 대해 충분히 알지 못함
② 내부정보 부족	B.	• 자신의 흥미, 장점, 가치, 라이프 스타일을 충분히 이해하지 못함
③ 외부정보 부족	C.	• 회사 내의 경력기회 및 직무 가능성에 대해 충분히 알지 못함

05 장기목표 수립의 중요성을 설명하시오.

학습 내용 요약

1. 자기개발의 방해요인은 인간의 욕구와 감정, 제한적 사고, 문화적 장애, 자기개발방법에 대해 알지 못하는 것을 꼽을 수 있다.
2. 장기목표는 자신의 욕구, 가치, 흥미, 적성 및 기대를 고려하여 수립하며 자신의 직장에서의 일과 관련하여 직무의 특성, 타인과의 관계 등을 고려해야 한다.
3. 단기목표는 장기목표를 이룩하기 위한 기본단계가 되며, 이를 위해 필요한 직무 관련 경험, 개발해야 될 능력 혹은 자격증, 쌓아두어야 할 인간관계 등을 고려하여 수립한다.
4. 자기개발 계획 수립이 어려운 이유는 자신이나 작업에 대한 정보가 부족하거나, 의사결정에 대한 자신감의 부족, 주변 환경의 문제가 있을 수 있다.
5. 목표를 달성하는 데 기본적으로 필요한 것은 자신의 강점을 극대화하고 약점을 보완하는 것으로, 자신의 역량에 대한 확신을 바탕으로 자신을 믿을 때 우리는 목표를 향해 달려갈 수 있는 힘이 생긴다.

Memo

Chapter

03

퍼스널 브랜딩

Contents

1. 자기 PR시대
2. 퍼스널 브랜딩의 정의와 중요성
3. 퍼스널 브랜딩 전략

학습목표

1. 자기 PR의 개념을 설명할 수 있다.
2. 퍼스널 브랜딩의 정의와 중요성을 설명할 수 있다.
3. 퍼스널 브랜딩 전략을 설명할 수 있다.
4. 퍼스널 브랜딩 전략을 수립할 수 있다.

주요 용어

자기 PR	브랜드	퍼스널 브랜딩
퍼스널 브랜딩 전략	소셜 네트워크	인전 네트워크

미리보기

모든 리더는 초반에 '어떤 유형'의 리더가 될 것인지 결정해야 한다. 바로 직업적 평판 구축, 즉 퍼스널 브랜딩이다. 리더로서 확실한 이미지를 구축해 놓으면 산업 내에서 독보적인 존재감을 갖추고 직원들을 관리할 때 도움이 된다. 이때 리더로서 갖추고자 하는 이미지와 특성을 신중히 생각해본 후, 그 특성에 따라 일관되게 움직이는 것이 중요하다. 퍼스널 브랜드는 리더 역할을 할 때뿐 아니라 사회활동을 하는 내내 꼬리표처럼 따라오게 되므로 긍정적이면서도 명확한 이미지를 갖춰야 한다.

그러나 퍼스널 브랜드 구축이 늘 성공적인 것은 아니다. 능력이 뛰어나면서도 겸손하고 카리스마 넘치면서도 포용력이 있는 리더가 되고 싶었는데, 어느 날 직원들이 하는 얘기를 엿들으니 나보고 '건방진 놈'이란다. 이때 직원들을 불러서 훈계하거나 성격을 다 뜯어고치는 것이 능사는 아니다. 이런 특성은 어느 정도 누그러뜨리는 것이 가장 좋고, 또는 독특한 퍼스널 브랜드로 이용할 수도 있다. 리더로서 자기만의 퍼스널 브랜드를 구축하는 것이 이런 저런 이유로 쉬운 것이 아님이 분명하다. 그러므로 자기에 대한 퍼스널 브랜딩을 체계적으로 구축하고, 인식시켜 나가는 과정이 무엇보다 중요하다.

출처 : 린지폴락저 「난생처음사장」에서 발췌함, 중앙일보에서 소개, 2016.8.14

제3장에서는 자기 PR시대, 퍼스널 브랜딩의 정의와 중요성 및 퍼스널 브랜딩의 전략에 대해 학습한다. 국가직무능력표준에서의 퍼스널 브랜딩의 정의를 살펴본 후, 이의 능력을 효율적으로 향상시키기 위한 공부방법에 대하여 탐구한다.

01 자기 PR시대

지금은 자기 PR시대이다. 내가 지니고 있는 능력과 힘을 다른 사람에게 확실히 보여 주지 않으면 내가 무엇을 잘하고, 어떤 사람인지에 대해 도통 관심을 갖지 않는다. 이 사회에서 성공하기 위해서는 내가 어떤 능력을 갖추고 어떤 일을 멋지게 처리해본 경험이 있는 사람이란 사실을 여러 사람들에게 알려야만 나의 존재가치가 높아진다. 그런데 잘못된 방식으로 자기 자신을 PR하거나 지나친 경우 역효과를 불러일으키기도 한다.

나의 입을 통해서 내가 지닌 능력을 강하게 말했을 때 상대가 내가 말한 그 사실을 인정해 줄 수 있을 것인가에 대해 생각해 볼 필요가 있다. 상대로 하여금 내가 지닌 장점과 강한 힘을 스스로 느끼게 하는 것이 더 효과적이다. 즉, 직접적인 표현으로 스스로 나를 강조하기보다는 간접적으로 내 친구가 상대에게 나의 강점을 잘 설명하게 한다면 더 효과적일 것이다.

1. PR의 개념 및 자기 PR의 개념은?

PR(피알) 또는 퍼블릭 릴레이션스(Public Relations, 대중관계)의 사전적 의미는 "정부, 정당, 기업, 개인 등의 마케팅 주체가 대중과의 호의적인 관계를 위해 하는 모든 활동을 지칭한다. 마케팅 주체가 다양한 대중매체를 활용하여 마케팅 활동을 펼치는 홍보는 PR의 수단인 것이다. 자기 PR은 개인이 가지고 있는 가치관, 비전, 장점, 매력, 재능 등을 브랜드화하여 타인이나 여타 구성원들에게 잘 알리고 인식시키기 위해 펼치는 제반활동이라 말할 수 있다.

2. 자기 PR 과정에서 발생할 수 있는 문제 및 현명한 접근

자기 PR시대를 맞이하여 우리는 페이스북, 트위터, 블로그 등 다양한 SNS(Social

Networking Service) 및 미니홈피에 자신의 일상을 올리고 사람들과 공유한다. 이 과정에서 자신의 가치관이나 생활신조, 자신의 능력과 성취한 것들, 그리고 앞으로의 행보 등을 자연스럽게 노출하게 된다. 이러한 글들은 자기 PR, 자기 자랑, 자기 광고, 혹은 동정심을 바라는 글들일 수 있다.

내가 어떤 사람이고 어떤 일을 계획하고 있다고 미리 말하는 것은 자신의 비전과 목표를 선언하는 것과 같다. 사람은 어떤 일을 하는 과정에서 자신이 어떠한 방식으로 일을 수행하고 그로인해 어떠한 결과를 도출할 것인지를 보여준다.

분명 지금의 시대는 적극적으로 자기를 PR하는 시대임에는 분명하다. 어떠한 방식으로 자신을 PR할 것인가? 여기에서 정답은 없다. 상황마다 사람마다 다른 평가가 있을 수 있기에 적절한 수위 조절을 통해 자기 PR에 접근하는 것이 좋겠다. 분명한 것은 자기에 대한 PR이 제3자를 통해 상대에게 전달될 수 있다면 분명 최고의 효과를 가져 올 수 있다. 광고를 통해 어떤 상품 효과를 전달하는 것보다 이 상품을 사용해본 친구로부터 구전(words of mouth)을 통해 좋다는 얘기를 듣는 것이 더 큰 신뢰를 가져다준다는 것과 같은 맥락이라 볼 수 있다.

사례연구1 대도서관 "유튜브 핵심은 돈벌이 아닌 퍼스널 브랜딩"

유튜브의 신(神)으로 불리는 사나이, CJ ENM 다이아TV 파트너 대도서관(본명 나동현 · 41)의 이름 앞에는 '연봉 17억', '구독자 190만명' 같은 수식어가 늘 붙는다. 하지만 정작 본인은 "난 그저 '재미주의자'일 뿐, 유튜브를 돈벌이로만 생각하지 않는다. 유튜브의 핵심 가치도 돈벌이가 아닌 '퍼스널 브랜딩'이라고 믿는다"고 강조한다. 최근 강남구 삼성동 자택 겸 작업실에서 만난 대도서관은 국내에 아직 개인방송의 수익모델도 없던 시절, 잘 다니던 회사를 때려치우고 1인 미디어를 시작했다. 그것도 구독자를 늘리는 데 지름길로 여겨지는 선정성이나 욕설을 지양하면서 정제된 전문 콘텐츠로 한 우물을 묵묵히 판 결과 지금의 자리에 올랐다.

"2010년쯤 해외에서는 유튜버 수익모델이 있었는데 우리나라에는 없었죠. 그러다 싸이의 '강남스타일'이 잘됐고, 수익도 냈어요. 거기서 중요한 건, 다들 일반인도 그렇게 할 수 있는 생각을 못 했어요. 하지만 가능하다고 생각했습니다. 특히 (기성 언론이나 플랫폼에도 들어오는) 대규모 광고 시장이 진입한다면 업계가 훨씬 커질 거라고 예측했죠. 광고 규모가 그 플랫폼의 규모를 말해주니까요. 그래서 더욱 좋은 문화를 만들어놔야 한다고 생각했어요. 욕설 등을 지양한 이유죠." 대도서관은 "자극적이지 않으면서 돈도 잘 벌어야 후속 주자들에게 좋은 롤모델이 될 수 있을 거라고 생각했다"고 강조했다. 그는 그러면서 "유튜버를 꿈꾸는 사람들이 대부분 착각하는 게 '조회 수대로 돈을 받는다'는 것"이라며 "유튜브는 다양한 알고리즘과 시청시간 등으로 단가를 따로 매긴다. 이목을 끌려고 조회 수에만 목을 매면 롱런하기 어렵다"고 덧붙였다. (중략)

예능부터 드라마까지 다양한 방송에도 출연 중인 그는 "방송과 1인 미디어 결합은 앞으로도 있을 현상이지만 방법 면에서는 과도기라 아직은 1인 미디어를 어떻게 활용해야 할지 방송사들도 잘 모르는 것 같다"고 꼬집었다. "방송가에도, 연예인들에게도 2019년은 1인 미디어와 관련해 가장 중요한 해가 될 거라 생각합니다. 1인 미디어가 방송에 가기도, 연예인들이 유튜브로 오기도 하니까요. 스타들이 과거에는 유튜브의 가치를 잘 몰랐지만, 지금은 돈이 문제가 아니라 자신의 브랜드 가치가 높아진다는 것을 깨닫기 시작했거든요." 그는 그러면서도 "유튜브는 TV가 못하는 것을 할 수 있지만 TV는 그렇지 못하고, TV는 개인이 아닌 팀플레이라 서로 다른 부분이 많다"고 덧붙였다. (중략)

대도서관은 인터뷰 내내 퍼스널 브랜딩을 강조했다. 인터뷰 마지막도 역시 퍼스널 브랜드에 대한 얘기였다. "내가 속한 단체도 중요하지만 나 자신의 값어치를 올리는 게 중요한 시대죠. 그걸 위해 가장 효율적인 플랫폼이 유튜브라 생각합니다. 취업과도 관련 있어요. 예전에는 구인자가 구직자가 어떤 사람인지 모르니 학벌 등을 봤지만, 영상을 계속 찍어준다면 그것보다 확실한 증거물은 없거든요. '내가 이 분야에 대한 애정과 전문성이 있다'고 증명할 수 있는 영상요. 1인 미디어가 레드오션이 될 수 없는 이유입니다."

출처 : 연합뉴스, 2019.2.26.
https://www.yna.co.kr/view/AKR20190225138400005?input=1195m

❶ 현재 유튜버 중에서 가장 경쟁력 있다고 생각하는 사람은 누구입니까?

❷ 동종 업계에 비슷한 주제의 콘텐츠로 많은 유튜버가 활동중임에도 그 사람이 경쟁력이 있다고 생각하는 이유는 무엇입니까?

02 퍼스널 브랜딩의 정의와 중요성

1. 브랜드의 개념 및 브랜딩

사람들은 브랜드라고 하면 하나의 기업을 떠올린다. 개인 브랜드라고 하더라도 유명 연예인이나 스포츠인 또는 대기업 CEO 등을 연상하기 쉽다.

그러나 지금의 시대는 평범한 일반인들의 경우에도 자기만이 지닌 독특한 색깔의 이미지를 가지고 자신을 하나의 브랜드로 만들고 알려야 되는 시대에 우리가 살고 있다.

퍼스널 브랜드는 개인(personal)이 가지고 있는 고유한 식별가치를 말한다. 개인의 가치관, 비전, 장점, 매력, 재능 등을 브랜드화 하여 자신의 가치를 높이는 것을 퍼스널브랜드라 할 수 있다. 퍼스널 브랜딩이란 개인이 가지고 있는 꿈, 가치관, 비전, 장・단점, 매력, 재능 등을 분석하여 개인의 포지션과 목표를 정하고 여기에 맞는 브랜딩 툴과 채널을 통해서 자신의 가치를 높이는 동시에 유지와 관리를 하는 작업을 통틀어 말할 수 있다.

2. 퍼스널 브랜딩의 중요성

우리는 지금 바야흐로 무한경쟁의 시대에 살고 있다. 하루가 다르게 변화되는 시장의 흐름과 새로운 제품과 서비스, 이들의 홍수 속에서 우리가 원하는 것을 적시 적소에서 골라야 하기에 고객의 눈과 귀를 사로잡을 수 있는 것이 필요한데, 바로 이것이 브랜드이다.

이와 마찬가지로 기업에서 사람을 채용하는 과정에서도 우수한 인재를 필요로 한다. 이 과정에서 지금은 학벌이 좋고 스펙이 우수하여 유능해 보이는 사람들을 우수인재라 여겨 뽑는 그런 시대는 아니다. 다른 누군가와 나를 차별화시킬 수 있는 포지션과 차별화만이 개인의 가치와 능력을 인정해 주는 시대이다. 개인도 이제는 브랜드시대이기에, 여러분의 브랜드가 여러분의 미래이다.

3. 퍼스널 브랜드의 기대 효과

퍼스널 브랜드의 기대 효과로는 다음 다섯 가지를 들 수 있다.
첫째, 퍼스널 브랜드는 믿음을 준다.
둘째, 퍼스널 브랜드는 자신이 누구인지 정의해준다.
셋째, 퍼스널 브랜드는 고객을 정의해준다.
넷째, 퍼스널 브랜드는 경쟁력을 높여준다.
다섯째, 퍼스널 브랜드는 몸값을 높여준다.

사례연구 2 직업인의 브랜드화

21세기는 브랜드의 시대에 살고 있다. 샤넬, 구찌 브랜드의 고가형 핸드백 제품에서 비롯해 스마트폰하면 삼성전자의 갤럭시폰과 애플사의 아이폰을 연상한다. 커피하면 스타벅스를 연상하는 등 우리는 늘 브랜드를 떠올리게 된다. 기업의 비지니스맨도 마찬가지이다. 자신의 이름 석자는 물론, 회사에서 만들어 내는 제품 혹은 프로젝트 수행능력 등으로 여러분은 하나의 브랜드로 평가받고 있다.

◉ 자신의 브랜드를 론칭(launching)하라

지금 우리는 어느 직장에 소속될 것인가를 결정하는 것이 아닌 어떤 직업에 종사할 것인가를 결정하는 것이 더 주요한 사회에 살고 있다. "나"는 직장인이 아닌 "프로 직업인"인 것이다. 그렇기 때문에 자신이 가장 자신 있게 잘 할 수 있는 분야에서 자신만의 가질 수 있는 경쟁력을 만들어 가야 한다. 브랜드를 론칭할 때 가장 좋은 것은 그 분야에서 유일한 사람이 되는 것이다.

◉ 퍼스널 브랜드를 PR하라

아무리 성능이 우수한 품질의 제품이더라도 알리지 않는다면 그 제품을 찾는 이는 많지 않을 것이다. 마찬가지로 "나"라는 브랜드를 아무리 차별성을 가지고 있다 하더라도 주변 사람들이나 구성원들에게 드러내지 않으면 아무도 알아주지 않기에 퍼스널 브랜드 PR이 절대적으로 필요하다.

◉ 브랜드를 탄탄하게 하기 위해 투자하라

경쟁자 중에서 선택되기 위해서는 그 분야에서 "고수"가 되어야 한다. 직장이나 사회에서 두각을 나타내는 사람들의 공통된 특징은 자기 분야에서만큼은 다른 사람들이 조언을 구하러 올 정도로 경쟁력 있는 색깔의 전문지식과 다양한 경험을 보유하고 있어서 자기만의 브랜드 색깔을 낼 수가 있다. 그러므로 자기 브랜드의 가치를 좀 더 높이기 위해선 끊임없는 노력과 투자가 이어져야 한다.

출처 : 문화일보 2006.6.16. 내용 토대로 재구성

활동

직업인의 브랜드화 사례를 보고 각자 자신에 대한 브랜드로 만들기 위한 계획을 수립해보자. 나를 브랜드화하여 어떻게 알릴까? 나의 브랜드가 다른 사람과 차별되는 점은 무엇일까? 나를 성장시키기 위한 자기개발활동에는 무엇이 있을까?

브랜드 PR방법

나의 브랜드 차별성

브랜드를 성장시키기 위한 자기개발

03 퍼스널 브랜딩 전략

1. 자신을 브랜드화하기 위한 전략 : 차별성

자신을 브랜드화하기 위하여 친근감(intimacy), 열정(passion), 책임감(commitment) 등이 요구된다. 이 요소들을 얼마나 효율적으로 자기의 경쟁력으로 키워나가야 하느냐에 따라 자신의 브랜드화가 가능한지가 결정된다.

그림 3-1 자신을 브랜드화하기 위한 요소

사랑받는 브랜드의 조건을 안다면 이에 따라 자신을 차별적으로 브랜드화하기 위한 전략을 수립할 수 있다. 삼성경제연구소의 2006년 4월 발표된 보고서에 의하면 사랑받는 요건으로 ① 친근감, ② 열정, ③ 책임감을 제시했다.

(1) 친근감

친근감(intimacy)이란 오랜 기간 관계를 유지한 브랜드에 대한 친숙한 느낌으로, 자신을 브랜드화하기 위해서는 친근감을 주기 위한 노력이 필요하다. 일을 하고 나서 '다시 만나고 싶다', '이 사람과 다음 일도 하고 싶다'라는 생각이 들게 하는 사람은 대부분 밝고 친근감이 느껴지는 사람이다. 자신의 내면을 관리하여 긍정적인 마인드를 가지도록 하며, 브랜드 PR을 통하여 지속적으로 자신을 다른 사람에게 알려 친근해지도록 한다.

(2) 열정

열정(passion)이란 뜨거운 마음으로 행하는 모든 것을 열정이라 말할 수 있다. 특히, 이 열정은 여타 브랜드를 사용해보고 싶거나 소유하고 싶다는 동기를 유발하는 욕구이기도 하다. 다른 사람과 다른 차별성을 가지기 위해서는 시대를 앞서 나가 다른 사람과 구별되는 능력을 끊임없이 개발해야 한다. 열정은 꿈을 가진 사람이라면 반듯이 가져야 할 에너지이기도 하다.

(3) 책임감

책임감(commitment)이란 소비자가 브랜드와 애정적인 관계를 유지하겠다는 약속으로 소비자에게 신뢰감을 주어 지속적인 소비가 가능하도록 하는 것이다. 책임감이란 수동적으로 받아들이는 것이 아니라 자기 인생의 주인으로서 주체적으로 창조해 나갈 수 있는 자기브랜드화 전략이 필요하다.

2. 자신을 브랜딩하기 위한 4단계 전략

자신을 브랜딩하기 위한 4단계 전략

브랜드 탐색	브랜드 구축	브랜드 확산	브랜드 관리
브랜드 트라이 앵글을 기본으로 나 자신의 콘텐츠와 내가 목표로 하는 시장, 타깃 등에 대해 탐색한다.	나의 가치와 메시지를 담아 콘텐츠를 만든다. 그리고 그것을 사람들이 볼 수 있게 가공하여 홈페이지나 블로그, 책자 등 다양한 매체에 기록한다.	나라는 브랜드가 더 널리 알려질 수 있도록 다양한 방법을 통해서 홍보하고 고객들과 소통한다. - 온라인 : SNS, 기사 등 - 오프라인 : 네트워킹모임 등	브랜드는 평판이 중요하다. 꾸준히 관리하고 신경써야 한다. 고객들과 소통하고 그들의 의견을 반영해야 한다. 또한 꾸준히 공부하고 새로움을 추구해야 한다.

출처 : 김인숙(2015. 9. 3), 퍼스널 브랜딩, 발췌

※ 브랜드 트라이앵글의 개념

① Reality(실재성) : 현재 나의 객관적인 상황, 상태(스펙, 이미지, 스토리 등)

② Image(이미지) : 남들에게 인식되는 현재 나의 이미지

③ Identity(정체성) : 남들이 나를 어떻게 인식하면 좋겠는가?

3. 자기브랜드 PR방법

(1) 소셜 네트워크(SNS)를 활용한다

최근 들어 기업뿐만 아니라 개인 또한 자기를 알릴 수 있는 SNS수단인 트위터, 페이스북, 미투데이 등이 보편화되면서 이를 통한 자기 PR을 강화하는 활동이 늘고 있다. 소셜 네트워크는 자신의 실무지식과 경험, 성과물 등을 직접적으로 연결할 수 있으며, 형식의 제약 없이 자유롭게 표현할 수 있다.

(2) 블로그를 이용하라

근래에는 개인뿐만 아니라 기업 또한 자기회사나 생산된 상품을 블로그를 통해 PR하는 경향이 많이 늘고 있다. 블로그는 자신의 실무지식과 업무 경험, 성과물 등을 직접적으로 연결할 수 있으며, 형식의 제약 없이 자유롭게 표현할 수 있다.

(3) 인적 네트워크를 활용한다

인적 네트워크란 사람들 간의 관계형성망을 말할 수 있다. 사람들은 자신에 대한 긍정적인 말을 전할 수 있는 적극적인 지지자를 주변에 확보하고 인간관계를 잘 관리할 필요가 있으며, 인적 네트워크를 형성하기 위하여 동호회활동, 동창회활동, 다양한 카페활동의 노력도 함께 요구된다.

(4) 경력 포트폴리오를 만들어라

경력 포트폴리오는 자신의 전문적인 능력이 무엇인지, 자신이 그동안 어떻게 인간관계를 쌓아왔고, 어떠한 자기개발 노력을 해왔는지를 다른 사람에게 명확히 보여 줄 수 있다. 포토폴리오는 계속해서 업데이트하여 그 내용을 보완시켜야 하며, 이 과정에서 글로 작성하기보다는 시각적인 느낌을 줄 수 있는 그래픽으로의 구성이 더 효과적이다.

4. 자기브랜드 실천전략(공병호의 자기브랜드 만들기)

첫째, 나의 장점과 단점을 고려하여 자신을 확실히 알도록 하자.

둘째, 10년 앞을 바라보고 미래를 준비하도록 하자.

셋째, 다른 사람이 쉽게 만들어 낼 수 없는 분야(전공을 중심으로)에서 '자신의 전문서비스'를 마들어 낼 기초를 쌓자.

넷째, 나의 경험을 한 분야에서 5~10년 동안 '집중하는 시기' 가 필요하다.

다섯째, 자신을 상품으로 여기고, 자신을 '마케팅화' 하는 데 적극적이어야 한다.

여섯째, 혼자의 힘으로 대지 위에 우뚝 서야 한다. 이를 위해 타인에게 의존하기보다는 자신을 위해 보다 많은 에너지를 투자하기 위한 '철학'을 세우자.

출처 : 공병호경영연구소, http://www.gong.ck.kr

학습평가

01 **다음은 삼성경제연구소에서 제시한 사랑받는 브랜드가 되기 위한 설명이다. 빈칸에 적당한 단어로 채워 넣으시오.**

> ① (　　　)이란 오랜 기간 관계를 유지한 브랜드에 대한 친숙한 느낌을 말하며, ② (　　)은 뜨거운 마음으로 행하는 모든 것을 말한다. 또한 ③ (　　　)은 소비자가 브랜드와 애정적인 관계를 유지하겠다는 약속으로 소비자에게 신뢰감을 주어 지속적인 소비가 가능하도록 하는 것을 말한다.

02 **자신을 브랜딩하는 전략 4단계를 순서대로 바르게 연결된 것은?**

① 브랜드관리 → 브랜드탐색 → 브래드확산 → 브랜드구축

② 브랜드탐색 → 브랜드구축 → 브래드확산 → 브랜드관리

③ 브랜드관리 → 브랜드구축 → 브래드탐색 → 브랜드확산

03 **자기브랜드의 PR방법에 대한 이야기로서, 이와 관련하여 맞으면 ○, 틀리면 X로 표시하시오.**

① 블로그를 이용해 자기를 PR할 때 형식의 제약 없이 자유롭게 표현하는 것은 불가능하다. (　)

② 사람들과의 관계 형성망을 소셜 네트워크라 한다. (　)

③ 경력 포트폴리오는 자신의 전문적인 능력이 무엇인지, 자신이 그동안 어떻게 인간관계를 쌓아왔고, 어떠한 자기개발 노력을 해왔는지를 명확히 보여 주는 것이다. (　)

04 퍼스널 브랜드의 기대 효과에 대하여 팀별로 토론하시오.

학습 내용 요약

1. 직업인은 조직 내에서 자신의 능력, 적성, 특성 등의 객관적 이해에 기초하여 자기개발목표를 스스로 설정하고 자기관리를 통해 성취해 나가는 자기개발능력이 필수적으로 요구된다.
2. 자기 PR은 개인이 가지고 있는 가치관, 비전, 장점, 매력, 재능 등을 브랜드화하여 타인이나 여타 구성원들에게 잘 알리고 인식시키기 위해 펼치는 제반활동이라 말할 수 있다.
3. 직업인의 브랜드화를 위한 3가지 주요 접근
   ① 자신의 브랜드를 론칭(launching)하라.
   ② 퍼스널브랜드를 PR하라.
   ③ 브랜드를 탄탄하게 하기 위해 투자하라.
4. 자신을 브랜드화하기 위한 3가지 퍼스널 브랜딩 전략은 ① 친근감(intimacy), ② 열정(passion), ③ 책임감(commitment) 등을 들 수 있다.
5. 자신을 브랜딩하기 위한 4단계 전략으로는 ① 브랜드탐색, ② 브랜드구축, ③ 브랜드확산, ④ 브랜드관리 순으로 펼칠 수 있다.
6. 자기브랜드를 PR하는 방법으로는 ① 소셜 네트워크를 활용하고, ② 블로그를 이용하며, ③ 인적 네트워크를 활용하고, ④ 경력 포트폴리오를 만들면 자기브랜드를 충분히 PR할 수 있다.
7. 최근에는 자기개발을 넘어서 개인을 스스로 브랜드화하고 있다. 직업인은 자신을 브랜드화하기 위해서 자기개발을 먼저 시도해야 하며, 친근감, 열정, 책임감을 기반으로 자기 브랜드를 적극적으로 PR할 수 있는 방법을 모색하여야 한다.

Memo

PART 2

자아인식능력

- Chapter 04 자아인식능력의 이해
- Chapter 05 직업세계와 자기이해
- Chapter 06 자기성찰

Chapter

04

자아인식능력의 이해

Contents

1. 자아인식(self-perception)능력의 정의와 중요성
2. 자기 이해의 다양한 방법
3. 조해리의 창(Johari's window)

학습목표

1. 자아인식능력의 정의와 중요성을 설명할 수 있다.
2. 자기 이해의 다양한 방법을 설명할 수 있다.
3. 조해리의 창(Johari's window)에 대해 설명할 수 있다.

주요 용어

자아	자기 이해	조해리의 창(Johari's window)
내면적 자아	외면적 자아	자아정체감

미리보기

어느 학교에 새로 창단된 야구부가 있었다. 그해에 열린 모든 야구대회에서 아주 저조한 성적으로 꼴찌를 도맡아 해 학생들은 사기가 떨어지고 야구를 그만두려는 학생마저 생겨났다. 하루는 감독이 학생들을 모두 운동장에 불러 모아 놓고, 귀퉁이에 까만 점 하나를 찍은 흰 수건을 펼쳐 보이면서 무엇이 보이는지 물었다. 학생들은 까만 점이 보인다고 했다. 감독이 말했다. "자세히 보십시오! 다른 것은 보이지 않습니까?" 학생들은 여전히 "까만 점밖에 보이지 않는다."라고 말했다. 그러자 감독이 다시 말했다. "여러분! 까만 점은 이 구석에 하나밖에 없는데 왜 이 넓은 흰 바탕은 못 보는 겁니까? 우리가 하지 못할 일은 없습니다. 우리에겐 단점보다 가능성과 장점이 더 많습니다. 다시 한 번 도전해 보시기 바랍니다!"

여러분은 스스로에게 얼마나 후한 점수를 주고 있는가? 혹시 노래를 잘한다는 장점이 공부를 못한다는 점에 가려 빛을 보지 못하는 건 아닌지 한번 생각해 보기 바란다. 나를 이해하는 것의 첫걸음은 긍정적인 마음가짐이다. 지금부터 긍정의 힘으로 나를 이해하는 시간을 가져 보도록 하자.

제4장에서는 자아인식능력의 중요성, 자기 이해의 다양한 방법, 조해리의 창(Johari's window)에 대해 학습한다.

01 자아인식능력의 정의와 중요성

고대 그리스의 철학자 소크라테스는 2,400여 년 전에 '너 자신을 알라'는 진리를 갈파했으며, 중국의 손자 역시 '지피지기(知彼知己)면 백전백승(百戰百勝)', 즉 상대를 알고 나를 알면 백 번 싸워 백 번 이길 수 있다고 하였다. 그만큼 자신을 제대로 아는 것이 매우 중요하며 기본이 되는 일이다.

직장생활을 하다 보면 자신의 기질과 특성을 잘 알고 활용하는 사람이 있는 반면, 자신의 특성을 모르고 있는 사람도 있다. 자신의 기질과 특성을 파악하고 그에 맞는 직무를 선택한다면 능률적으로 직무를 수행할 수 있을 것이다.

사례연구 1

K씨는 학창시절부터 혼자 있는 것을 좋아하고 친구들이 많지 않은 수줍음이 많은 성격의 소유자였지만 그림 그리는 것을 좋아하였고, 그림 실력이 뛰어나 대회에 입상하는 등 두각을 나타내는 학생이었다. 대학도 그의 특기를 살려 미술특기생으로 들어가게 되었다.

수년 뒤 K씨는 대학 졸업 후 취업을 고민하다 자동차 판매회사에 취직하여 영업부에 근무하게 되었다. K씨는 입사한지 3년이 지났지만, 판매 영업일에 늘 소극적이고 자신이 없었다. 얼마 전에는 입사 동기가 이번 분기 판매 왕이 되었지만 성과가 늘 저조한 K씨는 고민이 많았다. 사실 K씨는 판매라는 직업이 자신과 맞지 않는다는 생각을 오래전부터 해왔지만 이미 정한 직업이고 또 3년 동안 다닌 직장이기 때문에 이제 와서 되돌릴 수도 없어 고민에 빠지게 되었다.

직업인들은 자신이 현재 하고 있는 일이 적성에 맞는지 고민해본 경험이 한 번씩은 있을 것이다. 자동차 판매회사에 다니는 K씨는 열심히 업무를 수행해 보지만, 판매라는 일이 자신의 성격과 능력에 맞지 않는 것 같아 고민하고 있다. 이처럼 자신의 특성을 먼저 알아야 업무성과를 높이기 위한 자기개발도 시작될 수 있다. 나를 안다는 것이 무엇인지 알아보자.

위의 사례에 대한 다음 질문에 대하여 각자의 생각을 정리하고, 자신의 의견을 팀원들과 공유하시오.

다른 사람과 구별되는 나만의 특징을 찾아보시오.

❶ 나만이 가지고 있는 장점을 열 가지 이상 생각해 봅시다.

❷ 내가 가장 잘할 수 있는 것은 무엇입니까?

❸ 내가 가장 좋아하는 것은 무엇입니까?

1. 자아인식이란?

'나를 안다는 것'은 자신에 대한 통찰을 의미하며 자신의 가치, 신념, 가정, 태도 등을 아는 것을 넘어서 이것이 자신의 행동에 어떻게 영향을 미치는가를 아는 것이다. 즉, 자아개념은 자신의 존재인 것이다.

한 사람이 직업인으로서 자신이 원하는 직업을 갖고 그 일을 효과적으로 수행하기 위해서는 장기간에 걸친 친밀한 노력이 필요하며, 자신을 분명하게 아는 것이 선행되어야 이러한 준비와 노력이 적절히 이루어질 수 있다. 즉, 직업인으로서 자아인식이란 다양한 방법을 활용하여 자신의 어떤 분야에 흥미가 있고, 어떤 능력의 소유자이며, 어떤 행동을 좋아하는지를 종합적으로 분석하여 이해하는 것이다.

자기를 지각하고 그 지각된 내용을 체계화시킴으로써 자신을 존중하고 자신을 가치 있다고 여기는 동시에 자신의 한계를 인식하고 이를 더 보완해야 되겠다는 욕구를 가질 수 있도록 해준다. 이러한 자아인식 노력은 자아정체감을 확인시켜 주며 동시에 자기개발의 토대가 된다. 직업인으로서 자아인식은 직업생활에서 자신의 요구를 파악하고 자신의 능력 및 기술을 이해하며 자신의 가치를 확신하는 것으로 개인과 팀의 성과를 높이는 데도 필수적으로 요구된다.

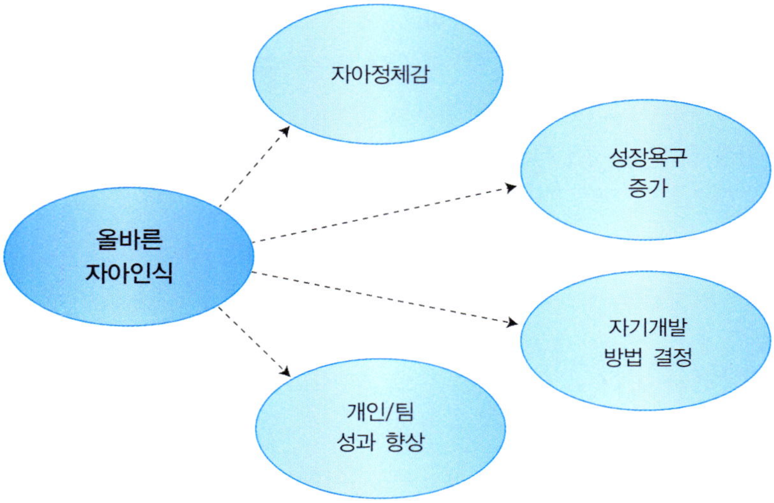

그림 4-1 올바른 자아인식을 통한 효과

2. 자아의 구성요소

자아(自我, Ego)는 자기 자신, 나를 일컫는 말이다. 또한 스스로 자신의 존재를 인식하고, 타인과 자기 외부에 대해서 판단하며 행동하는 독립체라고 할 수 있다. 자아를 구성하는 요소는 학자마다 다르게 분류하고 있는데, 이는 자아가 환경이나 교육에 따라 변화하기도 하며, 여러 차원의 복잡한 구조를 가지고 있기 때문이다. 자아는 내면적 자아와 외면적 자아로 구분해 볼 수 있다.

표 4-1 내면적 자아와 외면적 자아

구분	내용
내면적(무의식) 자아	• 자신의 내면을 구성하는 요소 • 측정하기 어려운 특징을 가짐 • 적성, 흥미, 성격, 가치관 등
외면적(의식적) 자아	• 자신의 외면을 구성하는 요소 • 외모, 나이 등

출처 : 창의성과 관련된 조직 특성(삼성경제연구소)

02 자기 이해의 다양한 방법

직업인의 자아인식이란 직업생활과 관련하여 자신의 가치, 신념, 흥미, 적성, 성격 등 자신이 누구인지 파악하는 것이다. 자아인식은 자기개발에 있어 첫 단계가 되며 자신이 어떠한 특성을 가지고 있는지를 바르게 인식할 수 있어야 한다. 자신을 알아가는 방법으로는 내가 아는 나를 확인하는 방법, 다른 사람과의 대화를 통해 알아가는 방법, 표준화된 검사 척도를 이용하는 방법 등이 있다.

1. 내가 아는 나를 확인하는 방법

자아를 인식하는 방법 중에 자신을 스스로 아는 것은 객관적으로 알 수 없는 한계를 지니기도 하지만 다른 사람이 알 수 없는 내면이나 감정을 알 수 있다는 특징을 가진다. 다음과 같은 질문을 통해 직업인으로서의 '내가 아는 나'를 확인할 수 있고, 앞으로 나아가야 할 방향을 결정하며 진로에 대한 명확한 의지를 확인하는 과정이다.

- 나의 성격이나 업무수행에 있어서 장・단점은 무엇인가?
- 현재 내가 담당하는 업무를 수행하기에 부족한 능력은 무엇인가?
- 내가 관심을 가지고 열정적으로 하는 일은 어떤 것이 있을까?
- 나는 직장생활에서 어떤 목표가 있는가? 이것들은 어떠한 가치가 있는가?
- 내가 생각하는 바람직한 상사, 동료 및 부하직원은 어떻게 행동하는가?
- 내가 오늘 하고 있는 일을 그만둔다면, 나는 어떤 일을 새로 시작할 것인가?

사례연구 2 장님 코끼리 이해하기

장님들이 코끼리를 만진 우화는 너무나 유명하다. 다리를 만져본 자, 배를 만져본 자, 겨드랑이를 만져본 자, 귀를 잡아본 자, 머리를 더듬어 본 자, 이빨을 만져본 자, 코를 잡아본 자 등 각 사람들은 가지각색으로 코끼리를 다르게 설명하였다.

"코끼리는 큰 나무통과 같은 것이야."

"빗자루와 같은 것이다.", "아니다. 코끼리는 굵은 지팡이와 닮았다."

"무어라고, 코끼리는 북과 같다."

"아니, 넓은 벽과 닮았습니다."

"높은 책상과 같은 겁니다."

"뿔과 같은 겁니다."

심지어 코끼리의 코를 잡은 자는 이렇게 얘기했다고 한다.

"모두 틀렸습니다. 코끼리는 큰 새끼줄과 닮았습니다."

위의 사례에 대한 다음 질문에 대하여 각자의 생각을 정리하고, 자신의 팀원들과 공유하시오. 다른 사람들에게 나에 대하여 다음의 질문을 해보고 긍정적인 의견과 부정적인 의견을 작성해보자. 또한 다른 사람이 생각하는 것 외에 자신이 생각하는 나의 특징이나 장·단점을 알아보자.

- 저를 평소에 어떻게 생각하셨나요?
- 저의 직장생활에서 장·단점은 무엇이라고 생각하시나요?

- 부정적인 의견
  -
  -
  -

- 긍정적인 의견
  -
  -
  -

- 내가 본 나

2. 다른 사람과의 대화를 통해 알아가는 방법

자신이 보는 자신의 모습을 주관적 자아, 남이 보는 자신의 모습을 객관적 자아라고 한다. 자신이 보는 자기와 남이 보는 모습이 일치할수록 사람들은 그만큼 다른 사람들과의 의사소통이 쉬워지고 마찰이 적어질 수 있어 안정된 성격을 유지할 수 있다. 반면에 다른 사람이 보는 자신의 모습이 자신이 보는 자신과 다를수록 의사소통이 어려워지고 마찰 가능성이 높아질 수 있다. 다른 사람이 자신에 대해 가지고 있는 인식은 자신이 보여 주고 표현한 것들에 의해 형성된다. 따라서 타인에 의한 평가는 자신에 대한 객관적인 이해는 물론 내가 몰랐던 나 자신을 발견함과 동시에 정확한 자기표현에도 큰 도움을 준다. 가까운 주변인, 즉 부모님이나 친한 친구, 선배, 회사동료, 교수님 등을 통하여 자신에 대해 물어봄으로써 자신이 보지 못한 자신의 모습이나 자신의 장·단점을 듣고 객관화할 수 있는 기회를 가진다.

다음과 같은 질문을 통해서 '타인이 파악하는 나'(제3자를 통한 관찰)를 확인할 수 있다.

- 직장생활에서 저의 장·단점을 뭐라고 생각하십니까?
- 저를 평소에 어떤 사람이라고 생각하시나요?
- 만약 창업을 한다면, 저와 함께 일할 생각이 있으신가요? 그 이유는 무엇입니까?
- 당신은 나를 처음 보고 어떤 느낌이 들었나요?

3. 표준화 검사 도구

자아인식의 한 방법으로 표준화된 검사 도구를 활용하는 방법이 있다. 표준화 검사 도구는 객관적으로 자아특성을 다른 사람과 비교해볼 수 있는 척도를 제공한다. 객관적인 자료를 얻기 위해 각종 심리검사를 이용하는 것이다. 성격, 적성, 지능 등 나의 특성에 대한 과학적인 분석 자료는 심리검사를 통해 얻을 수 있다. 각종 심리검사는 학교 관련 기관에서 받을 수 있으며, 직업과 관련하여 다음의 웹사이트에서도 가능하다.

표 4-2 직업 관련 웹사이트

NO	검사명	소요시간	할 수 있는 곳
1	진로개발준비도 검사	20분	한국직업능력개발원 커리어넷 (http://www.careernet.re.kr)
2	직업가치관 검사	20분	한국고용정보원 워크넷 (http://www.work.go.kr)
3	직업선호도 검사(L형)	60분	한국고용정보원 워크넷 (http://www.work.go.kr)
4	직업적성검사	60분	한국고용정보원 워크넷 (http://www.work.go.kr)
5	주요 능력효능감 검사	20분	한국직업능력개발원 커리어넷 (http://www.careernet.re.kr)
6	이공계 전공적합도 검사	30분	한국직업능력개발원 커리어넷 (http://www.careernet.re.kr)
7	MBTI(성격유형검사)	60분	KPTI 온라인 심리검사센터 (http://www.career4u.net)
8	Strong직업흥미검사	60분	KPTI 온라인 심리검사센터 (http://www.career4u.net)
9	Holland 적성탐색검사	60분	한국가이던스 (http://guidance.co.kr)
10	기타 진로 관련 전문검사	내방	대학종합인력개발센터 또는 학생상담센터

03 조해리의 창

세상에서 가장 어려운 일이 뭔지 알아?"

"흠… 글쎄요. 돈 버는 일? 밥 먹는 일?"

"세상에서 가장 어려운 일은 사람이 사람의 마음을 얻는 일이란다. 각각의 얼굴만큼 다양한 각양각색의 마음을, 순간에도 수만 가지의 생각이 떠오르는데, 그 바람 같은 마음이 머물게 한다는 건 정말 어려운 거란다.

- 생텍쥐페리의 ≪어린 왕자≫중에서 -

미국의 심리학자인 조셉 루프트(Joseph Luft)와 해리 잉햄(Harry Ingham)의 이름을 합성하여 Johari로 이름 붙인 '조해리의 창(Johari's window)'은 자신과 다른 사람의 두 가지 관점을 통해 파악해 보는 자기인식 또는 자기 이해의 모델이다. 마음의 창인 조해리의 창을 통해 보면 자신의 생각, 감정, 경험, 소망, 기대, 가족사항, 취미, 종교, 교우관계, 장・단점 등 '자신에 관한 모든 것'이 포함되어 있다. 조해리의 창에는 자신을 공개된 자아, 눈먼 자아, 숨겨진 자아, 아무도 모르는 자아로 나누고 있다. 이처럼 보다 객관적으로 자신을 인식하기 위해서는 내가 아는 나의 모습 외에 다른 방법을 적응할 필요가 있다.

1. 개방의 창 : 공개된 자아(open self)

개방의 창으로 나에 관한 정보를 나도 알고 있고, 다른 사람도 알고 있는 나에 관한 정보를 의미한다. 다시 말하면, 나와 다른 사람들이 서로 정보를 주고받을 수 있는 열려진 영역으로 함께 일하고 경험을 나눌 수 있는 영역이라는 점에서 공통 영역이라고 한다. 이 창이 넓을수록 대체로 대인관계가 원만하며 자기표현을 적극적으로 잘하고, 사람들과 의사소통도 활발하다. 그러나 너무 많은 개인사를 여러 사람에게 보여 줄 수도 있다.

개방의 창이 넓은 사람은 직업 선택과 결정, 준비에 대해 다양한 사람과 의견을 주고받음으로써 도움을 얻을 수 있다.

2. 맹목의 창 : 눈먼 자아(blind self)

맹목의 창으로 나에게 관한 정보를 다른 사람들은 잘 알지만 정작 나 자신은 모르고 있는 부분(blind spot)이 있는 영역이다. 마치 시각장애인이 자신을 보지 못하는 것과 같이 자신의 이상한 행동습관, 자주 쓰는 언어나 비언어적 특징, 특이한 말투, 몸가짐, 독특한 성격 등 자신은 잘 모르고 있지만 다른 사람들은 잘 알고 있는 나의 모습에 관한 것이다. 하지만 다른 사람들이 이런 것들에 대해 나에게 알려주지 않는 한 나 자신은 그 영역을 알기 어렵고 이 영역이 넓을수록 다른 사람과 대립과 갈등이 발생하기 쉽다.

또한 이 창이 넓은 사람은 자신감이 있어 솔직하고, 자기주장을 잘하지만 지나친 경우에는 다른 사람의 입장이나 반응에 둔감하여 독선적이거나 눈치 없는 사람으로 보일 수 있다. 맹목의 창이 넓은 사람은 직업과 관련된 주변 사람의 피드백을 신중하게 듣고 그들의 조언이나 생각을 진지하게 받아들이는 자세가 중요하다.

3. 비밀의 창 : 숨겨진 자아(hidden self)

비밀의 창으로 나에 관한 정보를 나는 잘 알고 있지만 다른 사람에게는 공개하지 않은 비공개 영역이다. 즉, 내가 말하기 두려워하는 나의 약점, 알릴 수 없는 나만의 비밀, 남몰래 지은 죄와 같이 고의적이든 고의적이 아니든 다른 사람에게는 숨기는 부분이다. 일상생활에서 별로 친하지 않은 인간관계이거나 새로운 집단에 들어갔을 때에는 이 영역이 매우 넓게 된다.

이 창은 나의 약점이나 비밀을 다른 사람에게 숨기는 부분으로, 이 창이 넓은 사람은 신중해 보이기는 하지만 자기표현과 타인과의 교류가 적어 고독해 보인다. 그러나 나의 약점이나 문제점으로 생각하는 것을 다른 사람은 그렇게 보이지 않을 때도 있으며, 그러한 약점이나 문제점을 표현함으로써 위로와 공감을 받아 좀 더 친밀한 인간관계를 맺을 수도 있다. 비밀의 창이 넓은 사람은 직업과 관련된 자신의 고민과 문제점을 좀 더 개방함으로써 주변 사람의 도움과 지원을 받는 것이 중요하다.

4. 미지의 창 : 아무도 모르는 자아(unknown self)

미지의 창은 어떤 정보가 나 자신은 물론 다른 사람에게도 알려지지 않는 영역이다. 예컨대, 무의식적인 부분이나 잊고 지냈던 어린 시절의 경험 또는 심리적 외상 등은 남들이 모르는 것이 당연하지만 나 자신도 모르는 것이다. 이런 것들은 깊은 무의식 속에 자리 잡고 있어서 심리치료, 충격적 경험, 우발적 사건, 아주 극적인 통찰을 통해 알아낼 수 있다. 이 창이 넓은 사람은 삶에서 고립되어 자신의 모습에 대해 알지 못하고 다른 사람과의 접촉도 불편해진다. 따라서 이 창이 넓은 사람은 적극적이며 긍정적인 태도를 가지고 인간관계의 개선과 이를 통한 자기표현 및 통찰을 추구해야 한다. 미지의 창이 넓은 사람은 직업과 관련하여 빠른 시간에 고민이 해결되지 않으면 이를 회피하거나 포기하고 다른 일에 빠져 버리는 경우가 있는데, 이 경우 자신의 삶과 관심, 가치 등에 대해 생각하고 주변사람들에게 용기를 가지고 자기를 노출하거나 그와 관련된 훈련을 받는 것이 필요하다.

4개의 조해리의 창(Johari's window)은 결국 나의 모습이 된다. 나의 모습에 대해 깨닫고 필요한 개선과 개발의 노력을 할 때 우리는 효과적인 인간관계뿐만 아니라 긍정적인 자기성장을 하게 된다.

사례연구 3 **'마음은 콩밭에'**

몇 년 전, 템플 스테이에 참가해 다담(茶談)을 나누며 스님에게 물었다.

나 : 스님, 사람의 마음을 얻으려면 어떻게 해야 합니까?

스님 : 먼저 마음이 어디에 있는지 알아야 하는데, 혹시 알고 있습니까?

나 : 잘 모르겠습니다.

스님 : 마음은… 마음은 콩밭에 있습니다. 누군가의 마음을 얻으려면 그 사람의 마음이 머무는 콩밭을 알아야 합니다. 어떤 사람의 콩밭은 돈이요, 어떤 사람의 콩밭은 건강이고, 어떤 사람의 콩밭은 가족입니다. 상대방의 마음이 가 있는 콩밭으로 찾아가야 그 사람의 마음을 만날 수 있고 얻을 수 있습니다.

스님의 말씀은 마치 선문답 같았지만 내게 적잖은 충격과 깨달음을 안겨주었다. 그날 밤 나는 '마음은 콩밭'에 있다는 말을 떠올리며 사람의 마음을 이해하는 방법에 대해 다른 관점에서 생각해 볼 수 있었다.

	내가 알고 있는 정보	**내가 모르는 정보**
상대방이 알고 있는 정보	개방의 창 공개된 자아 (open self)	맹목의 창 자기는 모르지만 다른 사람은 아는 자아(blind self)
상대방이 모르는 정보	비밀의 창 숨겨진 자아 (hidden self)	미지의 창 아무도 모르는 자기 (unknown self)

조해리의 창

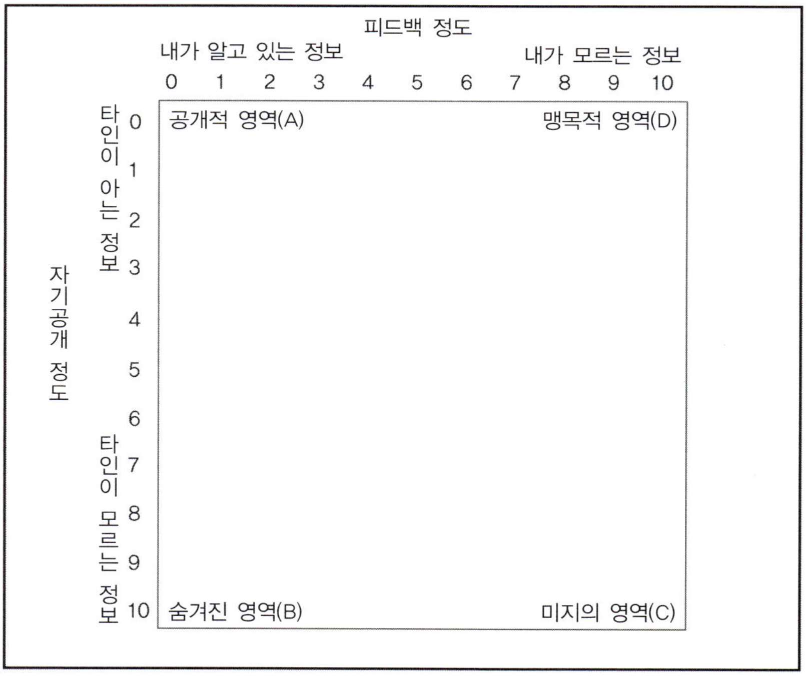

위의 사례에 대한 다음 질문에 대하여 각자의 생각을 정리하고, 자신의 의견을 팀원들과 공유하시오.

조해리 창은 4개의 창으로 구성되어 있다. 내가 알고 있는 나의 모습과 그렇지 않은 모습, 다른 사람이 알고 있는 나의 모습과 그렇지 않은 나의 모습이 조합되어 개방의 창, 맹목의 창, 비밀의 창, 미지의 창을 이룬다. 이러한 구성에 따라 나의 조해리 창을 그려 보도록 하자. 1에서 10까지 중에서 자신을 얼마나 알고 있는지의 정도에 따라 선을 아래로 그리고, 다른 사람은 나에 대해 얼마나 알고 있는지의 정도에 따라 선을 옆으로 그려 조해리의 창을 완성한다. 4개의 창 안에 들어갈 나의 모습과 특징을 적어보자.

❶ 조해리의 창을 통해 알게 된 나의 모습은 무엇인가?

❷ 조해리의 각 창에 나타난 특성과 직업과 관련하여 어떻게 적용할 수 있는가?

❸ 이 활동을 통해 느낀 점은 무엇인가?

학습평가

01 다음 중 올바른 자아인식을 통해 가지고 올 수 있는 효과 중 빈칸에 적절한 용어를 적어보자.

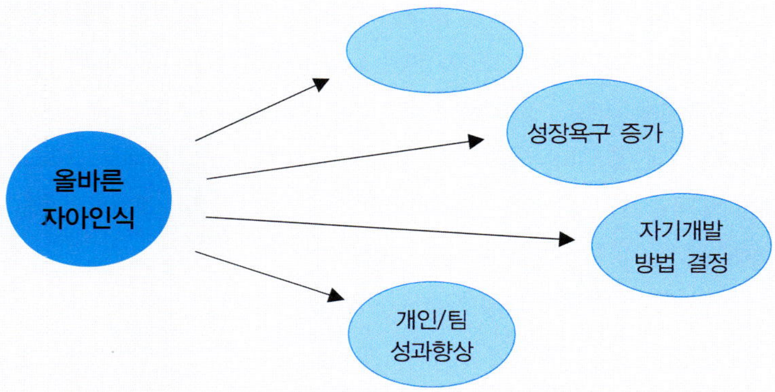

02 자아를 구성하는 요소는 대표적으로 2개로 나누어 볼 수 있다. (A), (B)에 들어갈 용어는 무엇인가?

(A)	• 자신의 내면을 구성하는 요소 • 측정하기 어려운 특징을 가짐 • 적성, 흥미, 성격, 가치관 등
(B)	• 자신의 외면을 구성하는 요소 • 외모, 나이 등

03 자신의 (   )와/과 특성을 파악하고 그에 맞는 직업과 직무를 선택한다면 능률적으로 직무를 수행할 수 있다.

04 자아(　　　)은/는 타인의 환경으로부터 자신의 존재가 다르다는 것을 구별할 수 있는 것을 말한다.

05 다음이 설명하는 이것은 무엇인가?

> 이것은 자기 자신, 나를 일컫는 말이다. 또한 스스로의 자신의 존재를 인식하고, 타인과 자기 외부에 대하여 판단하며 행동하는 독립체라고 할 수 있다. 이것을 구성하는 요소는 학자마다 다르게 분류하고 있는데, 이는 이것은 환경이나 교육에 따라 변화하기도 하며, 여러 차원의 복잡한 구조를 가지고 있기 때문이다. 대표적으로 자신의 내면과 외면으로 구분해 볼 수 있다.

학습 내용 요약

1. 자아(自我)란 자기 자신을, 나를 일컫는 말이다. 또한 스스로 자신의 존재를 인식하고, 타인과 자기 외부에 대해서 판단하며 행동하는 독립체라고 할 수 있다.
2. 자아인식능력이란 자신의 흥미, 적성, 인성 등 자아 특성을 객관적으로 파악하고 자기정체감을 확인하는 수단이 된다. 직업인은 자아인식에 기초하여 자기개발을 도모하고 이를 통하여 개인과 팀을 이룰 수 있다.
3. 직업인은 자기 자신에 질문하는 방법 외에 다른 사람과의 대화를 통해서, 그리고 보다 객관화된 표준화 검사 도구를 활용하여 자신을 객관적으로 파악할 수 있다.
4. 자아를 구성하고 있는 요소는 학자들마다 다양하게 제시하고 있지만 대표적으로는 자신의 내면을 구성하며 측정하기 어려운 내면적 자아와, 외모나 나이와 같이 자신의 외면을 구성하는 외면적 자아로 구분하여 볼 수 있다.
5. 조해리의 창은 자신이 아는 것과, 다른 사람이 아는 것이라는 두 가지 관점으로 자신을 인식할 수 있는 모델이며, 이를 통해 직업인은 공개된 자아, 눈먼 자아, 숨겨진 자아, 아무도 모르는 자아를 파악해 볼 수 있다.

Memo

Chapter

05

직업세계와 자기 이해

Contents

학습목표

1. 직업흥미와 적성 이해의 중요성에 대해 설명할 수 있다.
2. 직업흥미검사(직업흥미검사를 활용한 직업탐색)에 대해 설명할 수 있다.
3. 직업적성검사(직업적성검사를 활용한 직업탐색)에 대해 설명할 수 있다.

주요 용어

흥미	적성	직업흥미
직업흥미검사	직업적성검사	

미리보기

성격과 흥미를 제대로 파악하자

직업을 선택하는 첫 번째 기준은 '성격'이다. 자신의 성격을 객관적으로 알고 있으면 '나는 이런 점에서 뛰어나'라는 자신감을 가질 수 있고, 그런 장점을 잘 살려 직업을 택할 수 있다. 단점 또한 잘 파악하고 있다면 꾸준히 자신을 점검하면서 좋은 결과를 얻을 수 있다. 흔히들 활발한 사람은 '외향적', 비교적 조용한 사람은 '내향적'이라고 말한다. 하지만 그렇게 간단하게 구분할 수 있는 것이 아니기 때문에 성격을 구체적으로 파악하는 것이 중요하다.

직업 선택에 있어서 고려해야 할 사항은 능력이다. 물론 여기서 능력이라 함은 지식과 기술을 포함하는 능력으로 자신의 능력에 맞는 일에 대해 자신감과 성취감을 얻어 스스로 일에 대한 동기를 키워 나가기 때문이다.

'흥미'는 직업의 선택에 있어 중요한 고려사항이다. 특히, 어떤 일에 있어서 자신의 흥미 여부에 따라 결과에 큰 차이가 있기 때문에 자신의 흥미를 찾아 개발하는 것이 매우 중요하다. 직업 심리학자인 존 홀랜드(John L. Holland)는 직업 흥미를 현실적, 탐구적, 예술적, 사회적, 진취적, 관습적 등 여섯 가지로 구분했다. 여섯 가지 중 어떤 것에 가장 흥미를 나타내는지 파악해 직업 선택에 참고할 필요가 있다.

직업을 선택할 때 '적성에 맞아야 한다'는 말을 많이 한다. 적성에 맞지 않으면 대학을 다시 가거나 직업을 그만두는 경우가 적지 않기 때문에 적성도 성격과 흥미만큼 중요한 고려사항이다. 적성이란 숨겨진 재능을 말한다. 적성검사 결과가 흥미와 맞지 않는다고 실망할 필요는 없다. 자신이 흥미와 적성을 다 고려해 가장 적절한 직업을 결정하는 일이 중요하기 때문이다.

마지막으로 고려해야 할 사항은 가치관이다. 어떤 이는 인생의 가치를 '출세'로 생각하고 어떤 이는 '봉사'로 생각한다. 삶의 가치를 어디에 두고 있느냐는 직업 선택에 있어서도 큰 영향을 미친다. 따라서 자신이 어떤 직업적 가치관을 지니고 있는지를 파악하는 일이 중요하다.

누구나 자신이 하고 싶은 일을 하면서 살지는 않는다. 하지만 자신이 하고 싶은 일이 무엇인지조차 모르고 사는 것은 삶을 더욱 낭비하는 일이다. 미리 성격과 흥미, 적성과 가치관 등을 고려해 자신이 지닌 이상적인 직업을 찾을 수 있도록 노력할 필요가 있다. 미래를 설계하는 과정 그 자체만으로도 자신의 생활에 변화를 가져다주기 때문이다.

제5장에서는 직업흥미와 적성 이해의 중요성, 직업흥미검사를 활용한 직업탐색 및 직업적성검사를 활용한 직업탐색에 대해 학습한다.

출처 : 세계일보(2012. 5. 6)

01 직업흥미와 적성 이해의 중요성

1. 직업흥미의 이해와 중요성

인간에게는 누구나 자신이 좋아하는 것과 싫어하는 것이 있게 마련이다. 자신의 진로나 직업에 관해서도 어떤 일을 하고 싶다거나 어떤 일은 하기 싫다고 말하며 자신의 선호를 나타내기도 한다. 그런 차원에서 자신의 진로를 결정하는 데 있어 자신이 좋아하는 일을 찾는다는 것은 매우 중요한 활동 중의 하나이다.

흥미(interest)란 어떤 특정한 활동에 참여하려는 경향성 또는 대상이나 사물에 대한 긍정적인 느낌으로 정의할 수 있다. 개인이 "진로적 측면에서 무엇을 좋아하는가, 싫어하는가?", 즉 잠재적으로 가치 있다고 생각하는 것에 주의를 기울이고 그것을 향해 나아가려는 일반적인 정서적 특성이다.

심리학에서는 흥미를 '어떤 대상에 특별한 관심이나 주의를 끌게 하는 감정'으로 정의하고 있다. 교육학에서는 '관심 있는 어떤 지각이나 사상을 포함하며 지적 및 감정적 의식의 혼잡을 포함하는 주관적 태도 및 객관적인 태도, 관심, 조건'으로 정의하고 있다.

개인에 따라 흥미에 차이가 나는 것은 흥미가 자신의 주변 세계에 대한 폭넓은 이해와 새로운 활동의 시도를 통하여 유발되기 때문이다. 이처럼 흥미는 다양한 경험과 더불어 자신의 동기와 밀접한 관계를 맺으며 점차로 형성되고, 동기와 함께 인간행동의 방향과 강도를 결정하는 중요한 요인으로 작용한다. 어떤 일에 대해 흥미가 있어서 좋아하다 보면 그 속에서 가치를 발견하고 몰입하게 되며, 결국 의미 있는 성과를 거둘 수 있다는 점이다. 그러므로 자신의 흥미가 무엇인가를 이해하는 것은 매우 중요하다.

직업흥미는 직업의 선택과 성공을 결정짓는 가장 중요한 요인 중 하나로 볼 수 있다. 직업에 따른 성취감과 만족감을 얻기 위해서는 인지적인 요인뿐만 아니라 흥미나 동기와 같은 정의적 요인도 같이 조화를 이루어야 한다. 인지적 요인이 일의 능률과 관련이 있다면, 정의적 요인은 일에 대한 흥미를 느끼고 그 일에 대한 즐거움, 만족감, 행복감 등을 느끼게 하는 요인이다. 자신의 적성과 흥미에 맞는 직업을 선택하는 것은 개인적으로는 즐겁고 행복한 삶의 기본이 되며, 나아가 사회 국가적인 측면에서는 적재적소(適材適所)에 흥미와 자질을 가진 인재를 배치하여 일을 한다면 국가발전에 기여할 수 있으므로 매우 중요하다.

2. 직업적성의 이해와 중요성

적성(aptitude)은 "개인이 무슨 잠재능력을 지녔을까? 무엇을 잘 할 수 있는가? 하는 것에 초점이 있다. 즉, 어떤 과제나 임무를 수행하는 데 있어서 개인에게 요구되는 특수한 능력이나 잠재능력(발현 가능성이 있는 능력)을 말한다. 좁은 의미에서 적성은 학습을 해낼 수 있는 인간의 지적 능력을 말하나, 넓은 의미에서는 지적 활동을 요구하는 분야에서 개인이 발휘하는 미래 가능성이 어떠한가를 측정하고 판단하려는 의미도 포함한다. 다시 말해, 적성은 어떤 일이나 업무를 수행하는 데 있어 개인에게 요구되는 능력을 말한다.

적성은 타고난 능력이나 소질 또는 지능을 의미하기도 하는데, 이것은 각 개인마다 다르긴 하지만 각자 가지고 있기 때문에 이것을 발견하고 잘 개발시켜 나가는 것이 중요하다. 적성은 유전적인 성향이 강하지만, 후천적으로 학습 경험, 적응력, 인내력, 동기 등과 같은 환경적 요인의 영향을 받아 형성되기도 한다. 즉, 적성은 개인과 주변 환경 간의 친밀한 상호작용에 의해 폭넓은 이해와 새로운 활동의 시도를 통하여 계발될 수 있다는 것이다. 그러므로 자신의 과거 경험을 탐색하거나 어떤 일을 하고 싶은지 생각하는 것은 자신의 적성을 이해하고 계발하는 데 도움을 줄 수 있다.

적성이 왜 중요한 것일까? 자신의 적성에 맞는 직업을 선택하고 진로를 개척할 때 비로소 선택한 직업과 진로에서 최고의 능력을 발휘할 수 있기 때문이다.

인간은 일생을 살아가면서 한번 또는 그 이상의 직업을 가지게 된다. 인간은 직업을 통하여 자신의 가치를 높이며, 행복하고 보람된 삶을 추구하여 궁극적으로는 자아를 실현한다. 이처럼 직업은 개인의 경제적인 자기 충족의 수단일 뿐만 아니라 행복하고 보람된 삶을 누릴 수 있으며, 개인의 가치관 정립과 자아실현을 위하여 매우 중요한 것이라고 할 수 있다. 사람들은 자신이 좋아하고 잘할 수 있는 일을 할 때 가장 행복하다. 그러므로 자신의 적성을 제대로 파악하고 적성에 알맞은 직업을 위해 준비하는 것은 자신의 행복한 미래를 위해 반드시 거쳐야 할 준비과정인 것이다.

사례연구 1 **세 명의 석공 이야기**

어느 성당에서 돌을 다듬고 있는 세 명의 석공이 있었다. 그것을 지켜보고 있던 한 노인이 그들에게 지금 무엇을 하고 있는지 물었다.
그러자 첫 번째 석공은 "보면 모릅니까? 돌을 깨고 있지 않습니까? 등뼈가 휘도록 일해도 몇 푼 받지 못하지요. 정말 못할 일입니다."라고 답했다. 두 번째 석공은 "가족들을 먹여 살리기 위해 일을 하고 있지요. 이런 험한 일은 먹고사는 일만 해결되면 안 할 겁니다."라고 답했다. 마지막 세 번째 석공은 노인의 물음에 "성당을 짓기 위해 돌을 다듬고 있습니다. 제가 다듬는 돌이 성당 건물의 일부에 불과하지만 완성되면 정말 아름다운 건물이 될 겁니다. 할아버지, 성당이 완공되면 꼭 보러 오세요."라고 콧노래를 부르면서 다시 돌을 다듬기 시작했다.

이 이야기에서 첫 번째 석공은 자신의 일에 매우 불만이 많음을 알 수 있다. 그의 삶은 목표가 없을 뿐더러 무거운 몸과 마음을 이끌고 삶이라는 무게를 견뎌내고 있을 뿐이다. 두 번째 석공은 좋은 집을 가지고 돈도 벌 수 있을 것이다. 그러나 남이 시키는 일을 할뿐, 행복과 기쁨과 열정이 없는 텅 빈 삶을 살고 있다. 그의 삶은 제한적이고 편협한 목표에서 한치도 벗어나지 못하고 있다. 반면, 세 번째 석공은 삶의 목표가 있을 뿐만 아니라 일도 매우 즐겁게 하고 있다. 그는 단순히 일이나 물질 이상의 가치를 바라보고 있으며, 그렇기에 성실 이상의 열정을 발휘할 수 있다. 지금 나는 어떤 생각을 하면서 일을 하는지 생각해 보자.

❶ '세 명의 석공 이야기' 사례에서 세 사람이 같은 일을 하면서 다른 태도를 보이는 이유에 대해 작성해 보자.

구분	일에 대한 태도	이유
첫 번째 석공		
두 번째 석공		
세 번째 석공		

❷ 자신이 미래에 하고 싶은 일을 생각해 보고, 그에 대한 이유를 작성해 보자.

하고 싶은 일	이유

사람에 따라서 다른 직업에서 이루어지는 활동 등에 대해서 관심과 애착을 느끼는 정도가 다르며, 각기 잘하는 일도 다르다. 직업에 대한 흥미를 가지고 잘 할 수 있을 때 사람들은 그 직업에 만족하고 잘 적응할 수 있다. 따라서 자신의 특성을 파악하고 그에 알맞은 직업을 선택할 필요가 있으며, 현재 자신이 하고 있는 일에 잘 적응하기 위하여 흥미를 높이고 자신의 재능을 개발할 필요가 있다.

3. 흥미와 적성은 개발될 수 있다

흥미는 일에 대한 관심이나 재미를 의미하며, 적성이란 개인이 잠재적으로 가지고 있는 재능, 개인이 보다 쉽게 잘 할 수 있는 주어진 학습능력을 의미한다. 흥미와 적성은 개인에 따라서 다르기 때문에 각자 관심을 가지고 잘 할 수 있는 일이나 분야는 다르다.

흥미나 적성은 선천적으로 부여되는 것이기도 하지만 후천적으로 개발되어야 되는 측면도 있다. 적성은 절대적으로 있고 없는 것이 아니라 상대적으로 더 많이 가지고 태어나는 잠재능력이다. 적성이 높다 해도 후천적으로 개발되지 않으면 소용 없고, 적성이 낮아도 꾸준히 노력하면 어느 정도 능력 발휘가 가능하다. 따라서 경험을 통해 자신의 흥미나 적성을 발견하고 이를 적극적으로 개발하려는 노력이 중요하다.

직장생활에서는 자신의 흥미나 적성에 맞지 않는다고 하여 현재까지 해왔던 일을 그만둘 수 없을 때가 많다. 따라서 자신이 처한 상황과 업무에 맞춰 흥미나 적성을 개발하는 노력을 강구해야 한다.

3.1 마인드컨트롤을 하라

마인드컨트롤을 통해 자신을 의식적으로 관리하는 방법을 깨닫게 되면 문제상황을 해결할 수 있게 된다. 실제로 이러한 자기마음의 관리는 학습능력 향상, 잠재능력 개발, 집중력 향상, 발표력 향상 및 다양한 심리치료에 효과적으로 적용되고 있다. '나는 이 일을 잘할 수 있다', '나는 지금 주어진 일이 적성에 맞는다'라고 생각해보자. 지속적인 자기 암시를 하다보면 자신도 모르는 사이 자신감을 얻게 되고 흥미나 적성을 가지게 될 수도 있다.

3.2 조금씩 성취감을 느껴라

일을 할 때에 너무 큰 단위로 하지 않고 작은 단위로 나누어 수행한다. 작은 성공의 경험들이 축적되어 자신에 대한 믿음이 강화되면 보다 큰일을 할 수 있게 된다. 그리고 하루의 일과가 끝나면 자신이 수행한 결과물을 점검해본다. 누구나 자신이 성취한 일을 보면 만족감을 느끼고 자긍심이 생긴다. 그러다보면 점점 일의 성취감을 높이게 되며 다음에 할 일에도 더 흥미를 가지게 되어 그 일을 더 잘 하게 될 수 있다.

3.3 기업의 문화 및 풍토를 고려하라

흥미나 적성검사를 통해 자신에게 알맞은 직업을 도출할 수 있다. 이러한 결과가 그 직업에서의 성공을 보장해주는 것이 아니다. 실제적으로 직장에서는 직장문화, 풍토 등이 있어서 아무리 자신에게 맞는 직업을 선택했다고 하더라도 이러한 외부적인 요인에 적응을 하지 못하는 경우가 발생할 수 있다. 따라서 흥미와 적성을 개발하기 위해서는 기업의 문화와 풍토를 잘 이해하고 활용할 필요가 있다.

02 직업흥미검사를 활용한 직업탐색

1. 직업흥미검사의 이해

흥미란 "개인이 진로 측면에서 무엇을 좋아하는가, 싫어하는가?", 즉, 잠재적으로 가치 있다고 생각하는 것에 주의를 기울이고 그것을 향해 나아가려는 일반적인 정서적 특성이다. 직업흥미(vocational interest)란 직업 내지는 직업군에 대한 반응 정도와 그 직업군에서의 주된 활동을 취하려는 선택적 경향을 의미한다. 즉, 직업흥미는 일반적인 흥미와는 달리 특정 직종에 대하여 가지는 호의적이고 수용적인 관심을 말한다. 홀랜드(Holland, 1992)는 직업흥미를 연구한 대표적인 학자로 그가 제시한 직업흥미이론은 사람들의 직업흥미를 이해하고 측정하는 데 유용하게 활용되고 있다.

전 세계적으로 가장 많이 사용되고 있는 직업성격을 알아보는 심리검사는 홀랜드(Holland)의 직업적 성격유형검사이다. 홀랜드는 직업흥미이론에 근거하여 RIASEC(Realistic, Investigative, Artistic, Social, Enterprising, Conventional)라는 육각형 모델을 개발하였으며, 이를 통해 한 개인의 성공적인 진로결정을 위한 효과적인 체계방법을 제시하고 있다. 직업흥미 유형인 RIASEC 육각형 모델은 현실형(Realistic), 탐구형(Investigative), 예술형(Artistic), 사회형(Social), 기업형(Enterprising),

관습형(Conventional)의 6가지로 분류되며, 유형별로 인생의 목표와 가치, 자기신념을 구체적으로 살펴보면 다음과 같다.

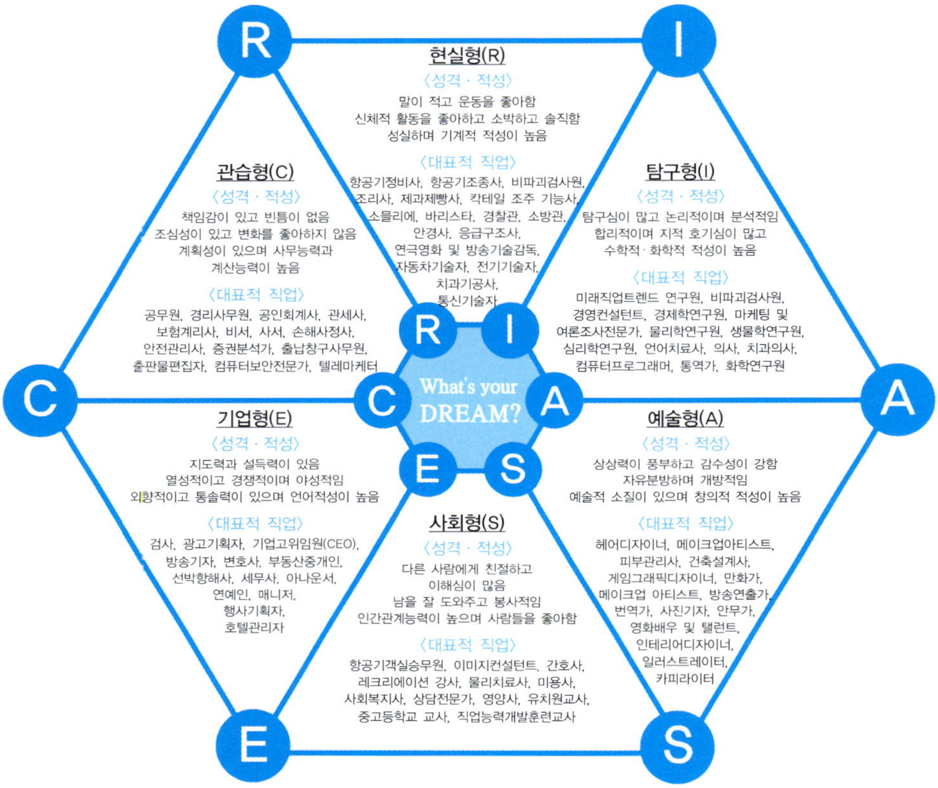

그림 5-1 홀랜드의 RIASEC 육각형 모델

출처 : John L.Holland

1.1 현실형(Realistic)

(1) 인생의 목표와 가치

전통적인 가치를 고집하는 경향이 있다. 제도적으로 제한된 환경에서 일하기를 좋아하며 자유에 관한 신념을 가지고 있기도 하다. 야망과 자기 통제력을 매우 중요한 가치로 생각하고, 실질적으로 사고하기를 좋아한다.
돈의 가치를 소중하게 생각하고, 재산을 유지하거나 소유물을 충분히 활용하려고 한다. 일반적으로 부여된 사실이나 실제적인 것에 가치를 부여한다. 그래서 신념이나 행동을 좀처럼 바꾸려 하지 않는 등 패쇄적인 가치세계를 가지고 있으며, 다양한 흥미를 갖지 않는다.

(2) 자기신념

자신을 평가할 때 기계적이고 기술적인 능력과 뛰어난 운동능력을 가지고 있다고 생각한다. 손이나 도구, 기계, 전기 장비를 사용하여 일하기를 즐긴다. 반면, 인간관계에 있어서는 그다지 뛰어나지 못하며 가르치는 일과 같은 사회적인 일에 서툴다고 인식한다. 학문적인 과제를 싫어하고 잘 처리하지 못한다고 생각한다. 비교적 낮은 자신감을 가지고 있는 반면 실재적인 기술을 여하는 일에 뛰어난 능력을 가지고 있다.

1.2 탐구형(Investigative)

(1) 인생의 목표와 가치

과학적이고 탐구적인 활동과 그 활동을 성취해 나가는 것을 가치 있게 생각한다. 지적이고 논리적이며 호기심이 많은 성격을 가지고 있으면서도 독립적으로 결정할 수 있는 능력을 갖는 것에 가치를 두고 가족의 안정, 의기 왕성함, 진실한 우정 같은 것에 가치를 별로 두지 않는다. 자유로운 목표와 가치를 가지고 있으며, 새로운 아이디어와 경험에 대해 개방적이다. 흥미나 관심을 갖는 분야가 넓고 다양하다.

(2) 자기신념

자신을 평가할 때 수학적인 재능뿐만 아니라 과학적이고 탐구적인 능력을 가지고 있다고 생각한다. 분석적이고 호기심이 많으며 학문적인 사람으로 스스로를 평가하고 관심 분야가 넓다고 생각한다. 어떤 문제를 해결하기 위해서 읽고 생각하기를 즐긴다. 타인을 설득하는 것을 어려워한다. 스스로 개방적이고 다양한 흥미를 가지고 있다고 생각한다. 비교적 높은 자신감을 가지고 있다.

1.3 예술형(Artistic)

(1) 인생의 목표와 가치

심미적인 활동이나 성취를 중요한 가치로 생각하는 경향이 있다. 분명하고 논리적이며 높은 야망이 필요한 일보다는 상상력과 용기가 필요한 일을 하려는 특성을 가지고 있으며, 자기표현 또는 평등과 같은 신념을 가치 있게 생각한다. 여섯 가지 성격유형 중에서 가장 개방적인 신념체계를 가지고 있다. 감정이나 생각 또는 기타 현상에 대하여 가장 수용적이며, 자유로운 목표와 가치를 가지고 있다.

(2) 자기신념

자신을 평가할 때 표현력이 뛰어나고 개방적이라고 생각한다. 또한 창의적이고 직감적이며 자유롭고 비순응적이며 내향적이고 독립적이며 복잡한 사람으로 본다. 그래서 뛰어난 음악능력, 미술능력, 연기력, 집필력, 언어구사능력과 같은 능력을 가지고 있는 사람으로 평가한다. 자신의 능력과 특성을 살릴 수 있는 활동을 즐겨하지만, 사업활동과 같이 정교하고 분명하게 일을 처리하는 것은 힘들어 한다.

1.4 사회형(Social)

(1) 인생의 목표와 가치

사회적이고 윤리적인 활동이나 성취를 중요한 가치로 생각하는 경향이 있다. 의료기술이나 제도적인 도움을 줄 수 있는 일 또는 기타 상호작용할 수 있는 일을 갖고 싶어 한다. 모든 사람이 평등하게 살고 서로 도움을 주고받으며 용서할 수 있는 사회를 갈망하지만, 논리적이고 지적이며 자극적인 일은 좋아하지 않는다. 능력 있는 부모, 교사, 치료사가 되고 싶어 한다. 종교에 관해서 가치 있게 생각하는 경향이 있다.

(2) 자기신념

자신을 평가할 때 다른 사람 돕기를 좋아하고 이해심이 많으며 가르치는 능력이나 사회적인 기술을 가지고 있는 사람으로 생각한다. 그러나 기계적이고 과학적인 능력은 부족하다고 본다. 그래서 분명한 주제를 담고 있는 책을 집필한다거나 자동차를 정확하게 조립하는 것과 같은 일은 잘 수행하지 못한다. 사회적인 성격유형을 지닌 사람들 대부분은 다른 사람들을 돕고 가르치는 일을 선호한다. 그리고 개방적인 신념체계를 가지고 있으며 다소 전통적이고 관습적인 가치를 고수하기도 한다. 적당한 수준의 자신감을 가지고 있다.

1.5 진취형(Enterprising)

(1) 인생의 목표와 가치

관습적인 가치를 따르는 경향이 있다. 그래서 경제 분야나 정치 분야에서 성취하고자 하는 경우가 많다. 타인을 통제할 수 있는 능력을 가치 있게 생각한다. 그러나 남을 돕는 일은 잘 수행하지 못한다. 기업이나 사회 지도자나 대중적인 업무를 함에 있어서 영향력을 미칠 수 있는 사람이 되길 원한다.

(2) 자기신념

자신을 평가할 때 공격적이고 대중적이며 자기효능감이 높고 사회성이 있는 사람으로 본다. 그래서 지도력이나 발표능력이 좋은 반면에, 과학적인 능력은 부족하다고 생각한다. 스스로 가장 만족할 수 있는 지위에 도달하고자 하기 때문에 남에게 전혀 영향을 줄 수 없는 일은 좋아하지 않는다. 자신감이 높고 전통적인 가치를 가지고 있는 경우가 많다. 다소 폐쇄적인 신념체계를 가지고 있어서 자기신념이나 가치 또는 행동을 쉽게 바꾸려고 하지 않는다.

1.6 관습형(Conventional)

(1) 인생의 목표와 가치

사업이나 경제에 관련된 활동이나 그것을 성취하는 것을 중요한 가치로 생각하는 경향이 있다. 재정이나 경제 또는 복지와 관련된 분야에서 전문가가 되고 싶어 하며, 방대한 양의 일을 해내는 것을 중요한 인생의 목표라고 생각한다. 체계적인 조직 안에서 일하는 것을 원하며, 종교, 경제, 정책에 관련된 목표와 같은 전통적인 가치를 추구한다. 그리고 이들이 추구하는 일들은 도전해 볼만한 가치가 있고 도움이 되며 의욕적인 일이라고 믿는다. 상상력을 요하는 일만큼이나 예술적인 활동 또는 대인관계능력을 요하는 활동은 그다지 가치를 두지 않는 성향이고 비교적으로 폐쇄적인 가치체계를 가지고 있다.

(2) 자기신념

자신을 평가할 때 사무적인 능력을 가지고 있으며 질서정연한 것을 좋아하는 사람으로 본다. 사업에 관한 능력은 아주 높은 반면, 예술적인 능력은 매우 낮다. 기록하고 계산하는 일을 즐겨한다. 시를 쓰거나 설득하는 일에 종사하는 것을 싫어한다. 자신감이 비교적 낮다.

사례연구 2

"입사 지원자에게 먼저 '일의 어떤 부분을 좋아하고 싫어하는지'를 항상 물어본다. 직원들에게 몰입할 수 있는 일을 주는 게 중요하기 때문이다. 일이 즐거워지면 기업은 그들로부터 더 많은 것을 얻어낼 수 있다. 다음으로 '하기 싫은 일의 대처법'을 묻는다. 그들이 문제를 풀어나가는 방식을 알기 위해서다.

출처 : 한국경제(2016. 10. 27)일자에서 발췌,
식당예약서비스 기업 오픈테이블의 크리스타 퀄스 CEO, CNBC와의 인터뷰에서

위의 사례에 대한 다음 질문에 대하여 각자의 생각을 정리하고, 자신의 의견을 팀원과 공유하시오. (※ 본인의 정확한 홀랜드 직업성격유형은 심리검사를 통해 확인한다)

❶ 자신에게 해당되는 홀랜드 직업유형을 찾아보시오.

❷ 홀랜드 직업성격유형에서 자신에게 해당되는 직업은 무엇인가?

❸ 고려하고 있는 직업과 직업성격유형 탐색과정에서 나타난 유형은 얼마나 일치하는가?

2. 직업흥미검사에 따른 직업선택

직업흥미는 특정 직업이나 직업군, 또는 해당 직업에서의 전형적인 경향을 가리키는 것이며, 오랫동안 직업선택에 있어서 가장 중요한 특성으로 간주되어 왔다. 직업선택은 사전준비를 통하여 신중히 이루어져야 하며, 직업에 대한 개인의 적합성 여부를 판단할 때 적성이나 지능보다 직업흥미를 더 중요하게 고려해야 한다. 직업의 선택과정에서 적성이나 지능이 중요한 것은 사실이지만 적성이나 지능이 아무리 높다고 하더라도 그 일을 싫어한다면 성공할 가능성은 적어지기 때문이다. 따라서 직업의 종류와 일하는 직장을 선택할 때 직업흥미검사에 따른 직업선택 흥미에 대한 고려는 다른 조건들보다 우선시되어야 할 사항이다. 특히, 직업흥미는 수용적인 관심 태도이므로 직업선택에 있어서 자신의 직업흥미를 알아보는 것은 필수적이다.

홀랜드(Holland, 1992)는 직업선택이론에서 흥미를 뚜렷하게 강조하고 있으며, 흥미와 일치하는 직업을 선택해야 한다는 것이 이론의 핵심이다. 즉, 직업흥미의 여섯 가지 중에서 어느 정도 일치하는 직업을 선택했느냐에 따라 직업만족, 직업의 확실성, 생산량 등과 같은 진로 결과 변인들을 예언할 수 있다. 홀랜드는 직업흥미이론을 잘 설명하기 위하여 현실형, 탐구형, 예술형, 사회형, 진취형, 관습형의 여섯 가지 각 흥미유형과 관련된 직업의 대표적인 예를 들고 있다.

각 흥미 유형별 직업적 선호 및 추천직업을 살펴보면 표 5-1 과 같다.

표 5-1 홀랜드의 직업흥미유형별 특성과 직업

유형	직업적 특성	추천직업
현실형 (Realistic)	실재적인 직업이나 상황을 선호한다. 예컨대, 전기나 기계와 관련된 행동들을 좋아하며 사회성이 필요한 직업이나 상황을 피하려는 경향이 많다. 자신과 비슷한 신념, 흥미, 가치를 가진 사람과 잘 어울릴 수 있지만 다양한 흥미를 가지지는 못한다.	건축업자, 경찰관, 농장경영자, 엔지니어, 직업군인, 프로운동선수, 항공기조종사, 중장비기사, 원예사, 조경사 등
탐구형 (Investigative)	탐구적인 직업이나 상황을 선도한다. 예컨대, 생물학자, 의사와 같은 직업을 좋아하며 사회성이 필요한 직업이나 상황을 피하려는 경향이 많다. 또한 자신과 비슷한 신념, 흥미, 가치를 가진 사람과 잘 어울릴 수 있다. 다양한 흥미를 가지지는 못한다.	내과의사, 수학자 생물학자, 과학자, 수의사, 과학교사, 물리학자, 대학교수, 심리학자, 의료기술자, 화학자, 천문학자, 치과의사, 약사 등
예술형 (Artistic)	예술적인 직업이나 상황을 선호한다. 예컨대, 작가나 인테리어 디자이너와 같은 예술적인 일을 좋아하지만, 관습적인 직업은 피하려는 경향이 많다. 자신과 비슷한 신념, 흥미, 가치를 가진 사람과 어울릴 수 있는 반면에, 전혀 다른 신념과 가치를 가진 사람은 피하려고 한다.	건축가, 신문기자, 리포터, 만화가, 예능교사, 배우, 사진작가, 실내장식가, 연예인, 카피라이터, 조각가, 작가, 음악가, 미술가 등
사회형 (Social)	사회적인 직업이나 상황을 선호한다. 예컨대, 교사나 상담가와 같이 사회성이 필요한 일을 좋아한다. 그러나 실재적인 직업이나 상황은 피하려는 경향이 많다. 자신과 비슷한 신념, 흥미, 가치를 가진 사람과 잘 어울릴 수 있는 반면에, 전혀 다른 신념과 가치를 가진 사람은 피하려고 한다.	간호사, 상담교사, 물리치료사, 레크리에이션 강사, 보육교사, 사회사업가, 진로 상담가, 특수교육교사, 청소년지도사, 초등교사, 고등교육 교사, 결혼상담사, 언어치료사 등
진취형 (Enterprising)	진취적인 직업이나 상황을 선호한다. 예컨대, 판매원이나 경영인과 같은 사람이 되고 싶어 한다. 그렇지만 탐구적인 직업이나 상황은 싫어한다. 자신과 비슷한 신념, 흥미, 가치를 가진 사람과 잘 어울릴 수 있는 반면에, 전혀 다른 신념과 가치를 가진 사람은 피하려고 한다.	아나운서, 경매업자, 마케팅책임자, 광고대행업자, 매장관리자, 변호사, 부동산중개인, 영업사원, 여행전문가, 정치인, 홍보담당자 등
관습형 (Conventional)	관습적인 직업이나 상황을 선호한다. 예컨대, 장부계원이나 은행원과 같은 직업을 얻고 싶어 하지만, 예술적인 능력을 요구하는 직업은 피하려고 한다. 자신과 비슷한 신념, 흥미, 가치를 가진 사람과 잘 어울릴 수 있는 반면에, 전혀 다른 신념과 가치를 가진 사람은 피하려고 한다.	공인회계사, 비서, 문서작성 및 편집자, 사무관리자, 재무분석가, 제품관리자, 은행원, 컴퓨터프로그래머, 의료기록자 등

03 직업적성검사를 활용한 직업탐색

1. 직업적성검사의 이해

직업적성(vocational aptitude)이란 특정한 활동 분야, 예컨대 사무직, 관리직, 전문직 등과 같은 특수한 직업활동을 원만하게 해나가는 데 필요한 인간의 특수한 능력을 말한다. 또한 직업이나 일에 대한 구체적인 장래의 성공 가능성을 예언하는 심리적 특성이다.

개인의 직업적성은 한국고용정보원 워크넷(http://www.work.go.kr/)에서 실시하는 직업적성검사 등에서 할 수 있다. 워크넷의 직업적성검사의 경우, 개인의 능력과 적성을 파악하여 적합한 직업선택을 할 수 있도록 도와주기 위한 검사이다. 그 구성은 총 11개의 적성요인을 15개의 하위요인으로 구성하여 측정하고 있는데, 11가지의 구성요소는 언어력, 수리력, 추리력, 공간 지각력, 사물 지각력, 상황 판단력, 기계능력, 집중력, 색채 지각력, 사고 유창성, 협응능력이며 이를 구체적으로 살펴보면 다음과 같다.

사례연구 3 '재능 수저'

성공이란 재능의 결과인가, 노력의 열매인가. 이를 둘러싼 학설은 분분하다. 2008년 나온 맬컴 글래드웰의 베스트셀러 ≪아웃라이어≫는 '1만 시간의 법칙'으로 세계적 반향을 일으켰다. 타고난 재능보다 후천적 노력의 중요성을 강조한 책이다. 2014년 이를 뒤집는 학설이 나왔다. 미 프린스턴대 등의 공동연구에 따르면 노력이 성과에 미치는 영향은 스포츠 분야 18%, 음악 분야 21%에 불과하다는 것이다. 연습 외에 환경, 나이 등이 복합적으로 작용해야 탁월한 성취가 가능하다는 것을 의미한다.

'할 수 있다'는 긍정 메시지로 국민적 스타가 된 리우 올림픽 펜싱 금메달리스트 박상영 선수는 스스로를 '재능 흙수저'라고 표현했다.

"어려서부터 운동을 좋아했지만 잘하지는 못했다. 선천적인 재능은 기껏해야 1~2% 정도"라고 말했다. 그렇다면 천부적 체력을 타고났을까? 천만의 말씀. 국가대표 기초체력 테스트에서 번번이 하위권을 맴돌았다고 한다. 남들이라면 제 풀에 포기할 법한 재능과 체력의 한계, 그는 어떻게 뚜어넘었을까?

그는 14세 때 펜싱을 시작한 뒤 3년간 하루 6시간만 자면서 1년 365일 단 하루도 쉬는 날 없이 훈련했다. 초인적인 노력이 지속 가능했던 것은 펜싱을 좋아하고 즐겼기 때문이다.

'아는 사람은 좋아하는 사람만 못하고, 좋아하는 사람은 즐기며 하는 사람만 못하다.'는 공자의 이야기 그대로다. 적성과 소질을 찾아서 몰입의 즐거움을 발견한 박 선수는 또래를 향해 들려준다. "안 된다는 기준은 자신이 만든 것이다. 이번에 안 되면 다음이 있다. 또 그 다음이 있다. 한계를 정하지 말았으면 좋겠다."

재능과 노력은 양자택일의 문제가 아니다. 노력만으로 누구나 최고가 되는 것도 아니고 재능만 갖고 저절로 되는 일도 없다. 웬만큼 나이 먹으면 누구나 깨닫게 되는 세상의 이치다.

그러니 '수저론'에 경도된 젊은 세대에게 박 선수처럼 노력하면 원하는 것을 다 성취할 수 있다고 압박할 생각은 없다. 다만, 이것 하나만 기억해주면 좋겠다.

"성실함도 재능의 또 다른 이름이란 것을 꼭 기억하자"

출처 : 동아일보(2016. 8. 25)

❶ 자신의 적성탐색검사 결과의 순위별 적성요인을 적고, 이를 바탕으로 추천직업 중 자기가 원하는 직업을 적어 보자.

구분	적성요인	추천직업	만족 정도(100%)
1순위			
2순위			
3순위			

❷ 자신이 희망하는 직업을 적고, 그 직업이 요구하는 적성요인은 무엇인지 알아보자.

구분	희망직업	요구하는 적성요인	나의 적성요인 점수
1순위			
2순위			
3순위			

❸ 적성탐색검사 결과에서 추천직업과 자신의 희망직업을 선택해 본 소감은 어떠한가?

(1) 언어력

언어력은 일상생활이나 직장생활에서 사용되는 다양한 단어의 의미를 정확히 알고, 문서로 읽고 그 내용과 의미를 정확히 파악할 수 있는 능력을 의미한다. 이는 관련되지 않은 직업이 없다고 할 수 있을 만큼 여러 가지 직업 분야에서 공통적으로 필요로 하는 능력이라고 볼 수 있다. 여기에는 어휘력 검사, 문장독해력 검사가 있다.

(2) 수리력

수리력은 정확하고 빠르게 계산하는 능력을 말하며, 일상생활에서 접하는 통계적 자료들의 기본적인 의미를 파악할 수 있는 능력을 말한다. 수리력은 대부분의 직업 분야에서 요구되는 기초적인 능력이지만, 특히 사무 분야에서 필요로 하는 중요한 적성이다. 수리력을 측정하는 하위검사에는 계산력 검사와 자료해석력 검사가 있다.

(3) 추리력

추리력은 일상생활이나 직장생활에서 주어진 정보를 종합해서 이들 간의 관계를 논리적으로 추론할 수 있는 능력을 의미한다. 추리력을 측정하는 하위검사에는 수열추리검사와, 도형추리검사가 있다.

(4) 공간지각력

공간지각력이란 실체 물체를 회전시키거나 분해했을 때 변화된 모습을 상상할 수 있는 입체적 공간 관계를 이해하거나 공간 속에서의 위치나 방향을 정확히 파악할 수 있는 능력을 의미한다. 공간지각력은 미술, 건축, 설계 등 입체구성능력을 요구하는 직업 분야의 적성요인이다. 공간지각력을 측정하는 하위검사에는 조각 맞추기 검사와 그림 맞추기 검사가 있다.

(5) 사물 지각력

사물 지각력은 서로 다른 사물들 간의 유사점이나 차이점을 빠르고 정확하게 지각하거나 물체를 비교하고 판별하여 형태나 명암의 근소한 차이를 알아보는 능력을 의미한다. 사물 지각력은 사무 분야와 응용 미술 분야에서 요구되는 적성이다. 사물 지각력을 측정하는 하위검사에는 지각속도검사가 있다.

(6) 상황 판단력

상황 판단력이란 실생활에서 자주 당면하는 문제나 갈등상황에서 문제를 해결하기 위해 여러 방법 중 가장 바람직한 대안을 판단할 수 있는 능력을 말한다. 상황 판단력을 측정하는 하위검사에는 상황 판단력 검사가 있다.

(7) 기계능력

기계능력이란 기계의 작동 원리나 사물의 운동 원리를 이해하는 능력이다. 기계능력은 대부분 이공계 분야에서 요구되는 적성이다. 기계능력을 측정하는 하위검사에는 기계능력검사가 있다.

(8) 집중력

집중력은 작업을 방해하는 자극이 존재함에도 불구하고 정신을 한 곳에 지속적으로 집중하여 문제를 해결할 수 있는 능력을 말한다. 집중력을 측정하는 하위검사에는 집중력 검사가 있다.

(9) 색채 지각력

색채 지각력에는 색을 인지하여 새로운 색을 창조하는 능력과 색의 감성적 의미를 파악하는 능력을 말한다. 이는 여러 색깔 간의 차이와 특성을 지각하여 적절하게 활용하는 정도를 알아보는 것이다. 색채 지각력을 측정하는 하위검사에는 색 혼합 검사가 있다.

(10) 사고 유창성

사고 유창성은 주어진 상황에서 짧은 시간 내에 서로 다른 많은 아이디어를 개발해 낼 수 있는 능력을 의미한다. 사고 유창성을 측정하는 하위검사에는 사고 유창력 검사가 있다.

(11) 협응능력

협응능력이란 두 가지 이상의 기능이 서로 조화롭게 주어진 과제를 효율적으로 완수하는 능력, 예컨대 눈과 손을 함께 사용하는 작업을 빠르고 정확하게 해낼 수 있는 능력을 말한다. 협응능력을 측정하는 하위검사에는 기호 쓰기 검사가 있다.

개인의 직업적성검사는 과업수행능력의 가능성을 측정하는 것으로 개인의 성공 가능성을 측정하는 것은 불가능하다. 그러므로 직업적성검사는 자신의 진로 선택을 위한 하나의 참고자료로 활용해야 하며 이를 전적으로 의존하는 것은 문제가 될 수 있다. 자신이 희망하는 직업선택을 위해 자신의 직업적성을 정확히 파악하고 체계적으로 취업준비를 해나간다면 성공적인 진로설계가 이루어질 것이다.

2. 직업적성검사에 따른 직업선택

직업은 사람이 살아가는 데 있어 매우 중요하다. 직업을 잘 선택하기 위해서는 직업세계에 많은 관심을 갖고 직업정보를 수집한 후 분석하여 합리적인 의사결정을 해야 한다. 특히, 세계화, 정보화 시대의 도래와 함께 직업세계가 다원화, 세분화, 전문화된 오늘날 자신의 적성을 고려하지 않은 직업선택은 더 이상 의미를 지니는 것이 어렵게 되었다. 따라서 자신에게 적합한 직업을 선택하고 결정하기 위해서는 자신의 적성, 흥미, 신체적 조건에 대한 객관적인 이해에 기초한 합리적인 의사결정능력을 갖추어야 한다.

적성은 선천적이고 유전적인 요인에 의하여 결정되지만 후천적인 환경요인에 의해서도 영향을 받는다. 다시 말해, 적성은 고정된 것이 아니라 학습과 경험에 의해 변화되고 신장될 수 있는 능력이므로 어느 시점에서 정확한 적성을 파악하기 위해서는 적성에 대한 검사 및 진단이 필요하다. 개인의 적성을 측정하고 그 개인차를 밝히는 데 적용되는 적성검사는 직업활동이나 작업을 수행함에 있어 성공 가능성의 예언을 목적으로 삼는 검사다. 적성검사 중의 하나인 직업적성검사는 과업 수행능력의 가능성 수준을 측정하는 것이다.

표 5-2 는 직업적성검사의 11개 적성요인별 특성 및 관련 직업이다.

표 5-2 직업적성검사의 요인별 특성 및 관련 직업

적성 요인	특성	직업
언어력	사람들과 대화를 나누어야 하는 상담사, 혹은 대화를 통해 고객을 이해하고 설득해야 하는 영업직에는 필수적이고 중요한 능력요인	의료전문가, 작가, 통・번역, 기자, 교사, 상담, 영업 등
수리력	이공계, 자연계 관련 연구직이나 통계학・경제학 연구원, 회계사 및 공학기술자에게 중요한 능력요인	수학자, 투자분석가, 공인회계사, 세무사, 통계학자, 컴퓨터 프로그래머, 공학기술자 펀드 매니저 등
추리력	공학 및 자연 분야 등 고도의 지적 활동이 필요한 직업에 매우 중요한 능력	수학자, 통계학자, 시스템엔지니어, 세무사, 공인회계사, 화가, 만화가 등
공간 지각력	건축 관련 직업이나 화가, 만화가, 사진/촬영기사, 조종사, 연출 및 감독에게 중요한 능력	화가, 만화가, 사진, 촬영기사, 연출 및 감독, 건축 관련 직업 등
사물 지각력	서로 다른 사물 간의 유사점이나 차이점을 빠르고 정확하게 지각하는 능력으로 연출 및 감독, 일반 제조원에게 매우 중요한 능력	유치원 교사, 건축 관련 직업, 연출 및 감독, 일반 제조원 등
상황 판단력	다양한 상황에 유연하게 대처할 수 있어야 하는 직업을 비롯하여 새로운 아이디어를 산출하는 것이 중요한 직업에서 특히 요구되는 능력	교사, 간호사, 공인중개사, 공무원, 상담원, 광고/조사/컨설팅 전문가 등

적성 요인	특성	직업
기계 능력	대부분 이공계 적성을 가지고 있는가의 여부와는 관련이 많은 능력	기계공학, 산업공학, 정비원, 농학, 해양수산 관련 기술자, 항공기 조종사, 기계 관련 연구/기술직
집중력	간호 관련 전문가나 소방관과 같이 주변의 여러 방해자극이 많은 작업 환경 안에서도 맡은 바 일에 온전히 집중해서 일을 수행해야 하는 직업 분야에서 매우 중요한 요인	간호 관련 전문가, 소방관, 속기사, 아나운서, 성우 등
색채 지각력	화가나 색채전문가를 비롯한 각종 미술 분야 직업의 전문가와 만화가, 디자이너, 보석감정사와 같은 직업에 중요한 능력	보석감정사, 화가, 색채전문가, 만화가, 디자이너 등
사고 유창성	새롭고 많은 아이디어를 창출해야 하는 광고, 조사 컨설팅 전문가들은 물론이고 다양한 상황에 유연하게 대처할 수 있는 능력	작가, 디자이너, 연출 및 감독, 아이디어 기획 등
협응 능력	기계운전, 사무직 등 도구를 다루는 분야의 직업에서 중요하게 요구되는 능력	레크리에이션, 지도자, 미용 관련 직업, 일반 제조원 등

이처럼 직업적성검사에서는 개인의 직업탐색 및 직업선택에 매우 유용하게 활용될 수 있는 정보를 제공한다. 그러나 직업적성검사가 직업지도를 위한 유일한 자료는 아니다. 직업적성검사에서 비슷한 결과를 얻은 사람일지라도 개인의 세계관, 가치관, 인생관 등이 다르고 흥미도 다를 수 있다. 따라서 직업적성검사와 더불어 흥미, 희망직업, 개인의 전공과 특수한 상황을 고려하여 종합적인 진로탐색 및 직업선택을 하여야 할 것이다.

학습평가

01 다음 설명이 무엇에 대한 내용인지 (A), (B)에 각각 들어갈 적절한 용어를 적어보자.

> (A)란 일에 대한 관심이나 재미를 의미하며, (B)이란 개인이 잠재적으로 가지고 있는 재능, 개인이 보다 쉽게 학습할 수 있는 잠재력을 의미한다. (A)와 (B)가 사람마다 다르기 때문에 각자 관심을 가지고 잘할 수 있는 일이나 분야는 다르기 때문이다.

(A) : ______________________

(B) : ______________________

02 개인의 적성을 측정하고 그 개인차를 밝히는 데 적용되는 적성검사는 직업활동이나 작업을 수행함에 있어 성공 가능성의 예언을 목적으로 삼는 검사다. 적성검사 중의 하나인 (   )는 과업수행능력의 가능성 수준을 측정하는 것이다.

03 흥미와 적성을 개발할 수 있다. 이 중 마인드컨트롤에 대하여 설명해보자.

04 홀랜드(John L. Holland)가 분류한 성격 유형으로 적절하지 <u>않은</u> 것을 고르시오.

① 예술형　　② 현실형

③ 탐구형　　④ 태양형

학습 내용 요약

1. 흥미(interest)란 어떤 특정한 활동에 참여하려는 경향성 또는 대상이나 사물에 대한 긍정적인 느낌으로 정의할 수 있다. 개인이 "진로적 측면에서 무엇을 좋아하는가, 싫어하는가?", 즉 잠재적으로 가치 있다고 생각하는 것에 주의를 기울이고 그것을 향해 나아가려는 일반적인 정서적 특성이다.
2. 흥미나 적성은 선천적으로 부여되는 것이기도 하지만 후천적으로 개발되어야 되는 측면도 있다. 적성은 절대적으로 있고 없는 것이 아니라 상대적으로 더 많이 가지고 태어나는 잠재능력이다. 적성이 높다 해도 후천적으로 개발되지 않으면 소용 없고, 적성이 낮아도 꾸준히 노력하면 어느 정도 능력 발휘가 가능하다. 따라서 경험을 통해 자신의 흥미나 적성을 발견하고 이를 적극적으로 개발하려는 노력이 중요하다.
3. 적성이 있는 사람은 잠재적으로 그 일과 관련된 재능을 가지고 있어서 다른 사람보다 잘할 수 있다. 직업인은 자신에게 알맞은 직업을 찾고, 성공적인 직업생활을 영위하기 위해서 자신의 적성을 파악할 필요가 있다.
4. 직업인은 마인드컨트롤을 통해, 성취감을 느끼는 활동을 통해, 그리고 기업의 문화 및 풍토를 활용하여 흥미와 적성을 개발할 수 있다.
5. 직업흥미는 자신의 직업에서 이루어지는 활동 등에 대해서 관심과 애착을 느끼는 것이며, 직업적 흥미를 가진 분야의 직업을 선택하여 일을 할 때 그 직업에 만족하고 적응을 잘 할 수 있다.
6. 직업흥미유형인 RIASEC 육각형 모델은 현실형(Realistic), 탐구형(Investigative), 예술형(Artistic), 사회형(Social), 진취형(Enterprising), 관습형(Conventional)의 6가지로 직업성격유형을 분류한다.
7. 직업적성(vocational aptitude)이란 특정한 활동 분야, 예컨대 사무직, 관리직, 전문직 등과 같은 특수한 직업활동을 원만하게 해나가는 데 필요한 인간의 특수한 능력을 말한다. 또한 직업이나 일에 대한 구체적인 장래의 성공 가능성을 예언하는 심리적 특성이다.
8. 개인의 적성을 측정하고 그 개인차를 밝히는 데 적용되는 적성검사는 직업활동이나 작업을 수행함에 있어 성공 가능성의 예언을 목적으로 삼는 검사다. 적성검사 중의 하나인 직업적성검사는 과업수행능력의 가능성 수준을 측정하는 것이다.

Chapter

06

자기성찰

Contents

학습목표

1. 자기성찰의 정의와 중요성에 대해 설명할 수 있다.
2. 가치관과 진로에 대해 설명할 수 있다.
3. 직업가치관검사에 대해 이해할 수 있다.

주요 용어

자기성찰	가치관	진로
직업가치관		

미리보기

스티브 잡스(Steven Paul Jobs)의 성찰의 시간 그리고 피드백

벌레 먹은 사과 마크로 컴퓨터 업계를 재편했던 애플(Apple) 사의 CEO 스티브 잡스가 얼마 전 '암'이라는 병마를 이겨내지 못하고 안타깝게 타계했다. 혁신의 아이콘이었던 그의 죽음에 세계 사람들이 애도를 보냈고 2005년 스탠퍼드대학 졸업식에서 그가 연설한 동영상이 다시 화제가 되기도 했다.

지난 인생을 돌아보는 한 편의 소회라고 할 수 있는 연설에서 그의 삶을 결정지은 몇 가지 일화가 눈길을 끌었다. 그는 자신이 직접 세운 애플사에서 쫓겨나면서 컴퓨터 애니메이션 제작사인 픽사(Pixar)를 설립해 유명한 '토이 스토리(Toy story)'로 박스 오피스를 점령했다.

애플사에서 강제적으로 떠났을 때 그는 매우 심한 충격과 상처를 받았다. "모든 것이 사라지고 너무나 비참한 기분을 느껴 몇 달 동안 무엇을 해야 할지 몰랐다."고 당시의 심정을 표현했지만, 잡스는 다시 삶을 되돌아보고 객관적으로 자신을 바라보는 자기성찰의 시간이 되었던 것이다.

출처 : 고봉익, 윤정은(2012), 공부감성

제6장에서는 자기성찰의 정의와 중요성, 가치관과 진로 및 직업가치관 검사에 대해 학습한다.

01 자기성찰의 정의와 중요성

미국의 심리학자 하워드 가드너(Howard Gardner) 박사의 다중지능이론에 나오는 공간, 언어, 음악, 논리, 신체, 자기성찰, 대인관계, 자연친화 등 인간의 지적 능력 여덟 가지 중에서 성공한 사람들은 공통적으로 자기성찰능력이 뛰어났다고 한다. 자기성찰력은 '되고 싶은 나는 무엇인가'에 대한 끊임없는 물음을 통해 이루어진다.

1. 자기성찰이란?

자기반성(自己反省)이다. 자신을 되돌아보고 반성하며 살피는 것이다. 그런데 단순히 자신에 대해 알고 받아들이는 이해가 아니라, 자신이 무엇을 잘못하고 있진 않은지, 반성할 것은 없는지 되돌아보는 자세가 필요하다.

대부분의 사람들이 어떤 실수를 저지르면 '다음에는 이렇게 하지 말아야지' 생각하고는 또 다시 같은 실수를 반복하곤 한다. 이는 문제가 발생했을 때 깊이 있는 성찰 없이 지나치기 때문이다. 성찰은 어느 날 갑자기 되는 것이 아니라 지속적인 연습을 통해 몸에 익히도록 한다. 자신을 돌아보고 어떻게 살았는지 한 걸음 떨어져서 객관적으로 보는 자세 그것이 자산이 되어 성공적인 미래를 향해 도전할 수 있게 하는 것이다.

사례연구 1 성찰의 힘

어떤 직장에 두 명의 신입사원이 있었다. 두 사람 다 아직까지 회사에 들어온지 얼마 되지 않아 일이 서툴러서 실수를 하기 일쑤다. 오늘도 회사의 업무 지침대로 일을 해야 하는데, 자신이 생각하는 방식대로 하다 실수를 저질렀다.

한 신입사원은 '사람이 실수할 수도 있지. 오늘은 과장한테 혼나고 운도 없네. 술이나 마셔야겠다.' 하고는 친구들과 만나 회사일이 어렵다는 푸념을 늘어놓으며 술을 마셨고, 다른 신입사원은 '도대체 내가 왜 혼이 난거지? 다른 사람들은 어떻게 일을 했더라…. 업무 지침을 다시 한 번 찾아봐야겠다.' 라고 생각하고 자신이 실수한 일에 대하여 다시 실수하지 않도록 노트를 해두었다.

'성찰의 힘' 사례를 통해 어떤 사람이 몇 달 후, 몇 년 후에 더 높은 성과를 달성할 수 있을까? 생각해 보자. 또한 자신의 일을 생각해보고 다음을 작성하여 보자.

❶ 최근에 있었던 일 중에서 문제가 되거나 어려웠던 점은 무엇인가?

❷ 나는 이 일을 어떻게 해결하였는가?

❸ 현 상태를 개선하기 위해서 어떻게 준비하고 행동해야 할까?

2. 자기성찰의 중요성

성찰은 왜 해야 하는가? 자기성찰은 자신을 반성하고 '본연의 자신'을 바라볼 수 있어야 한다. '변화와 성장을 위해 무엇이 필요한가?' 무작정 노력하는 것만으로는 자신을 변화시킬 수 없다. 자신이 누구인지 정확히 아는 것, 그리고 변화에 가장 중요한 것은 매일 스스로를 깊이 들여다보고 성찰해 가는 자세를 통해 이전에는 수용할 수 없었던 자신의 생각이나 가치관 그리고 감정들을 받아들일 수 있도록 한다.

유명 팝스타 레이디 가가는 순회공연으로 전 세계를 도는 바쁜 와중에 그날 있었던 일들을 꼼꼼히 일기에 쓴다. 측근에 따르면, 가가는 훗날 아이들이 자라면 자신이 걸어온 길을 알려줄 마음으로 그렇게 한다고 한다.

레이디 가가는 엘리트 코스를 밟아 스타가 된 것이 아니다. 학창시절에는 왕따였고, 스트립 걸로 일하기도 했으며, 심각하진 않아도 약물중독에 빠진 적도 있었던, 산전수전 다 겪어본 사람이다. 하지만 그녀는 자기 과거를 감추려 하지 않았고, 이 또한 자신의 일부로 받아들여 자신의 음악활동을 위한 에너지로 전환시켰다. 과거를 포함한 자신의 모습을 냉철하게 파악하여 날마다 스스로를 돌아보았기에 그런 변화가 가능했을 것이다.

성찰의 중요한 이유를 살펴보면 다음과 같이 정리할 수 있다.

(1) 다른 일을 하는 데 필요한 노하우 축척

어떤 일을 마친 후에 자신이 잘한 일은 무엇이고, 개선할 점은 무엇인지 깊이 생각해보는 것은 앞으로 다른 일을 해결해나가는 노하우를 축적할 수 있게 해준다.

(2) 지속적인 성장의 기회 제공

성찰은 현재의 부족한 부분을 파악하여 보완할 수 있는 기회를 제공한다. 그리고 미래의 목표에 따라 실수를 미연에 방지하면서 노력하게 만들어 준다.

(3) 신뢰감 형성의 원천 제공

성찰을 하게 되면 현재 저지른 실수에 대하여 원인을 파악하고 이를 수정하게 되므로, 다시는 같은 실수를 하지 않게 된다. 따라서 다른 사람에게 신뢰감을 준다.

(4) 창의적인 사고능력 개발 기회 제공

창의적인 사람은 따로 존재하지 않으며 창의력은 지속적인 반성과 사고를 통해서 신장될 수 있다. 새로운 것을 만들기 위해서는 생각을 해야 하며, 진정으로 창의적인 사람은 생각하기를 그치지 않는다. 성찰을 지속하다 보면 어느 순간 무릎을 탁 칠만한 창의적인 생각이 나오게 된다.

3. 자기성찰의 방법

(1) 성찰노트를 작성한다

- 매일 자신이 오늘 했던 일 중에서 잘못했던 일을 생각해보고, 이에 대한 이유와 앞으로 개선해야 할 점을 적어본다.
- 쓰는 순서 : 안 좋았던 일 → 좋았던 일→ 내일의 목표 순으로 쓴다.

(2) 끊임없이 질문한다

어떠한 일이 발생하면 다음과 같은 질문을 하는 습관을 들인다.

- 지금 일이 잘 진행되거나 그렇지 않은 이유는 무엇인가?

- 이 상태를 변화시키거나 혹은 유지하기 위해서 해야 하는 일은 무엇인가?
- 나는 이번 일 중 다르게 수행했다면 더 좋은 성과를 냈을 방법은 무엇인가?

02 가치관과 진로

1. 가치관과 이해

'세익스피어는 인도와도 바꿀 수 없다'라는 말로 유명한 영국의 시인이며 역사가인 토마스 칼라스(T.Carlyle)는 인생을 항해하는 선박에 비유하여 "가치관이 없는 사람은 나침판 없이 항해하는 사람과 같다. 그런데 안타깝게도 인류의 95%가 가치관 없이 살아가고 있다"고 했다. 결국 5%의 사람만이 분명한 목적지를 찾아가기 위한 항해 루터, 최적의 경로를 찾아내는 항해술, 한 배에 동승한 사람들과 협력관계를 생각하며 인생을 살아간다는 것이다.

스튜어트 골드 스미스는 성공의 25%는 '나는 원하는 것을 소유할 만한 가치가 있는 사람이다'라는 의미의 자아 이미지를 갖는 것이고, 25%는 목표를 달성할 수 있다고 믿는 I CAN 정신이다. 또 다른 25%는 자신이 원하는 바를 구체적으로 정확히 아는 것이고, 나머지 25%는 생각을 실행에 옮기는 추진력이라고 하였다.

가치(value)란 어떤 구체적인 행동양식이나 존재양식이 그 반대의 행동양식이나 존재양식보다 개인적으로 또는 사회적으로도 낫다는 확신이나 신념을 말한다. 가치관(view of value)은 무엇이 옳다거나, 좋다거나 또는 바람직하다는 개인의 생각을 내포하는 도덕적 취향이다. 사람들은 누구나 중요하다고 생각하는 가치들을 가지고 있는데, 이런 가치관은 무엇이 옳고 바람직한가에 대한 기본적인 판단 기준을 제공하기 때문에 개인의 행동양식과 사고에 영향을 미칠 뿐만 아니라 일상생활의 모든 결정과 선택에 있어서 중요한 기준으로 작용한다. 가치관의 기본은 10대 초기에 형성되어 일단 형성되면 상당히 오랫동안 안정적으로 유지되는 것으로 알려졌다. 가치관의 바탕은 비교적 어린나이에 부모 또는 그에 상응하는 역할을 하는 매우 중요한 '의미 있는 타인(significant other)'에 의해서 회색논리가 배제된 흑백논리에 따라 습득된다. 따라서 상황에 따라 쉽게 변하지 않고, 특별한 상황이 벌어지지 않는 한 일생 동안 큰 변화 없이 지속되는 경향을 보인다.

가치관에 대해 좀 더 살펴보면 다음과 같다.

- 가치관은 개인이 어떤 사건, 사물 및 삶을 접할 때 어디에 가치를 두느냐에 대한 그의 관점을 말한다. 예컨대, 사람마다 성(性)에 대해 매우 보수적인 가치관을 가지고 있는 사람이 있고 개방적으로 생각하는 가치관을 가지고 있는 사람도 있다. 성(性)에 대한 어떤 가치관을 가지고 있느냐에 따라 혼전동거에 대한 관심도 달라질 수 있다.
- 가치관은 다양한 상황에서 한 개인의 결정을 이끌어 내는 신념이다. 예컨대, 어떤 사람이 흥미가 있고 적성이 맞아 사회복지사를 택하여 능력을 발휘할 수 있지만, 금전적 보상과 성취가 중요하다고 생각하는 가치관을 가지고 있기 때문에 그 직장을 그만둘 수도 있다.
- 가치관은 사람으로 하여금 어떤 방식으로 행동하게 하는 원리나 믿음을 말한다. 예컨대, 성(性)애 대해 개방적인 가치관을 가지고 있는 젊은 세대들이라면 부모의 반대에도 불구하고 혼전동거를 할 수 있지만 성(性)에 대해 보수적인 가치관을 가진 부모들은 자녀의 혼전동거에 대해 심하게 반대하는 행동을 할 수 있다.

2. 가치관과 직업

동물에게 유일한 삶의 도표는 생존이지만 사람은 생존을 넘어 저마다 추구해야 할 가치를 지니고 있다. 그것이 바로 인간의 본질이자 동물과 구분되는 중요한 특징이다. 그렇다면 직업도 자신이 추구하는 가치를 실현하는 수단이 되어야 할 것이다. 자신만이 할 수 있는 역할과 자신이 추구하는 가치를 실현 수단으로서 직업을 갖는 것이 진정한 의미에서의 직업의 본질일 것이다. 이런 차원에서 가치관은 직업 선택에 있어 의미 있는 기준을 제공한다. 자신이 하고자 하는 일이 자신의 흥미와 적성에는 맞지만 자신의 가치관과 맞지 않다면 그 직업을 선택하기 어렵다. 다시 말해, 자신이 좋아하고 하고 싶은 일이긴 하지만 미래의 발전 가능성과 수익성에 더 가치를 두는 사람이라면 그 직업을 선택하기가 쉽지 않다.

- 직업관이란 개인이나 사회의 구성원들이 직업에 대해 가지고 있는 태도나 가치관을 말한다.
- 직업관은 개인마다 서로 다른 특성을 보이며 어떤 직업관을 가지느냐에 따라 개인의 진로 결정 및 직업 수행의 내용이 달라진다.
- 직업관이란 자기의 생각이나 가치관에 따라 변화되고 달라진다. 모든 직업은 각각 고유의 장점과 단점을 가지고 있다. 따라서 그것을 어떻게 이용하느냐에 따라서 그 사람의 미래와 그 직업을 통해서 세계를 바꿀 수 있다.

직업의 가치를 결정하는 기준은 두 가지가 있다고 할 수 있다. 첫째, 그 일을 함으로써 재미는 물론 성취감, 보람, 열정을 느낄 수 있느냐는 것이고, 둘째, 그 일을 통해서 적절한 보상과 인센티브를 얻을 수 있느냐는 것이다. 이 기준에 근거하면 직업을 네 가지로 분류해 볼 수 있다.

(1) 금상첨화의 직업

자신이 좋아하고, 하고 싶어 하는 일을 한다. 여기에 성취감과 보람을 느낄 수 있는 것은 물론 충분한 보상까지 얻을 수 있는 직업이다. 많은 사람이 이런 직업을 갈망하지만, 안타깝게도 금상첨화의 직업을 가지고 있는 사람은 많지 않다.

(2) 유명무실한 직업

자신이 좋아하는 일, 하고 싶은 일, 열정을 가지고 할 수 있는 일이지만, 아직은 돈도 명예도 따라오지 않는다. 그러나 미래를 기대할 수 있는 직업이다.

(3) 천만다행인 직업

사회적으로 인정해 주고 부러워하는 직업으로 알려져 돈도 많이 벌고 명예도 얻었지만, 나 자신은 일에 흥미를 느끼지 못하고 의무적으로 마지못해 하는 직업이다.

(4) 설상가상인 직업

자신이 좋아하는 일도 아니고, 하고 싶은 일이 아니면서 돈도 명예도 따라주지 않는 직업이다. 가장 신통치 못한 직업이면서 대다수의 사람들이 가지고 있는 직업이기도 하다.

설상가상인 직업을 가지고 있는 사람들의 특징을 보면, 아주 적은 급여일지라도 나올 날만을 기다린다. 일에서는 도통 재미도, 흥미도, 참신한 맛도, 도전의욕도 느낄 수 없다. 지겨운 일이 되풀이 되고 삶에 대한 열정도 시들해져 가고 무덤덤해진다. 그런데 중요한 것은 이런 직업일수록 시간은 빨리 지나간다는 것이다. 그리고 회사가 어려워지면 구조조정 대상에서 최우선 순위가 된다는 것이다.

우리는 서로 다른 가치관을 가지고 있으므로 똑같은 일을 하더라도 어떤 사람에게는 가치가 없고 보람이 없는 일로 느껴질 수 있고, 반면 어떤 사람에게는 굉장히 가치가 있고 보람되는 일로 느껴질 수도 있다. 이렇게 어떤 일에 보람과 긍지를 갖게 되는 것은 결국 자신이 어떤 가치관을 가지고 있느냐와 밀접한 관련이 있다. 따라서 사람들 개인이 가치를 어디에 두고 있으며 직업에 있어서도 직업의 어떤 측면을 중요시하는가 하는 것은 추후 직업선택이나 직업의 만족도에 있어서 매우 중요한 요인이라 볼 수 있다.

사례연구 2 **나의 가치관은 무엇인가**

자기 자신을 관리하고자 한다면 그 사람은 마지막으로 이런 질문을 던져야 한다.
"나의 가치관은 무엇인가?"
조직은 가치를 갖지 않으면 안 된다. 사람도 마찬가지다. 어떤 조직이 효과적으로 운영되려면, 개인이 소유한 가치와 조직의 가치가 양립할 수 있어야 한다. 두 개가 똑같을 필요는 없다. 그러나 두 개는 공존할 수 있을 만큼 충분히 비슷하지 않으면 안 된다. 그렇지 않으면 개인이 좌절을 느낄 뿐만 아니라 산출할 수도 없을 것이다. 개인의 강점과 성과를 올리는 방법 사이에 갈등이 일어나는 경우는 드물다. 둘은 상호보완적이다. 그러나 개인의 가치관과 강점 사이에 있어서는 때로는 갈등이 발생한다. 어떤 사람이 잘하는 -또한 성공적인-그 무엇이 그 사람의 가치관과 일치하지 않을 수도 있다. 그 사람이 잘하고 있는 어떤 일이 그 자신에게는 사회에 기여하는 것으로 느껴지지 않고, 또한 자신의 인생을 바칠 그 어떤 것으로 여겨지지 않을 수도 있다(심지어 인생의 상당부분을 바칠 그 무엇으로 느껴지지 않을 수도 있다).

나는 자신의 개인적인 일을 회고해 본다면, 나 또한 수십 년 전에 내가 잘하고 있는, 그것도 성공적으로 하고 있는 일과 나의 가치관 사이에 어느 것 하나를 선택해야 하는 순간에 놓인 적이 있었다. 1930년대 중반 런던에서 나는 젊은 은행가로서 자타가 공인할 정도로 훌륭한 성과를 올리고 있었고, 그것은 분명 나의 강점과 부합했다. 그렇지만 나는 내가 한 사람의 재산 관리자로서 사회에 공헌하고 있다고 여겨지지 않았다. 내가 가치를 두고 있는 것은 돈이 아닌 사람이었다. 나는 가장 부유한 사람으로서 땅에 묻히는 것에도 아무런 의미를 느끼지 못했다. 대공항 시절에 나는 돈도 없었고, 직업도 없었고 그리고 전망도 밝지 않았다. 그러나 나는 은행에서 물러났다. 그리고 그것은 옳은 결정이었다.

달리 말하자면, 한 사람의 가치관은 또한 궁극적인 평가 기준이어야 한다.

출처 : 피터 드러커(2001), 프로페셔널의 조건

위의 사례에 대한 다음의 가치관을 보고 해당되는 항목을 찾아보시오.

1. 물질적 부족함이 없는 편안한 생활
2. 자극적이고 활동적이며 신나는 생활
3. 자신이 한 일에 보람을 느끼며 사는 생활
4. 평화로운 세상
5. 자연과 예술의 아름다움을 감상하는 생활
6. 모든 사람이 공평한 기회를 갖는 것
7. 가족의 안전
8. 남에게 의지하지 않는 자유로운 삶
9. 선택한 직업에서의 성공
10. 걱정이나 고민이 없는 편안한 마음
11. 이성과의 완전한 사랑
12. 외부의 침입으로부터 나라를 지키는 것
13. 즐거움을 마음껏 누리는 생활
14. 종교를 통한 영원한 삶
15. 자신을 가치롭게 생각하는 삶(자기존중)
16. 남들로부터 존경과 인정을 받는 것
17. 진실한 우정
18. 삶의 의미에 대한 이해(지혜, 슬기)
19. 만족스러운 결혼
20. 원하는 것 할 수 있는 자유(자율성)

❶ 주어진 20개의 가치관 중에서 자신에게 중요하다고 판단되는 가치관 항목을 10개만 고르시오.

❷ 선택된 10개의 가치관 항목 중에서 중요하다고 여기는 항목 5개를 선택하시오.

❸ 5개의 항목 중에서 자신에게 정말 중요하다고 여겨지는 가치관 항목을 2개만 고르시오.

❹ 최종 선택한 2개의 가치관 항목이 어떤 점에서 중요한 것인지 쓰시오.

03 직업가치관검사

1. 직업가치관검사 이해하기

직업가치란 직업생활을 통하여 충족하고자 하는 욕구 또는 상대적으로 중요시 하는 것을 의미한다. 직업가치관검사는 직업과 관련된 다양한 욕구 및 가치들에 대해 상대적으로 무엇을 더 중요하게 여기는가를 살펴보고, 그 가치가 충족될 가능성이 높은 직업을 탐색할 수 있도록 도움을 주는 검사이다.

개인의 가치관에 잘 부합되는 직업을 찾는 것을 돕기 위해 실시되는 직업가치관검사를 통해 자신이 보유하고 있는 잠재력과 재능, 동기부여 요소 등을 파악하여 직업의 선택에 자신이 가장 중요하게 생각하는 가치를 도출해 낼 수 있을 것이며, 그 가치에 적합한 직업영역에 대한 정보도 얻을 수 있다.

직업가치관검사는 청년층 및 성인이 중요하게 생각하는 직업가치관을 알아보고 자신의 직업가치를 실현하기 위해 적합한 직업을 안내해주는 심리검사로서, 표 6-1 에 제시된 것과 같이 총 13개의 직업가치관 하위요인으로 구성되어 있으며, 검사결과를 통해서 개인이 중요하게 생각하는 직업가치가 무엇인지, 그리고 각 개인이 중요하게 생각하는 가치를 충족시킬 수 있어 직업만족도를 향상시킬 수 있는 직업들은 어떤 것들이 있는지 안내해준다.

표 6-1 직업가치관의 구성요인

NO	직업가치요인	직업가치 설명	관련 직업
1	성취	스스로 달성하기 어려운 목표를 세우고 이를 달성하여 성취감을 맛보는 것을 중시하는 가치	대학교수, 연구원, 프로운동선수, 관리자 등
2	봉사	자신의 이익보다는 사회의 이익을 고려하며, 어려운 사람들을 돕고 남을 위해 봉사하는 것을 중시하는 가치	판사, 소방관, 사회복지사, 성직자, 경찰관 등
3	개별 활동	여러 사람과 어울려 일하기보다 자신만의 시간과 공간을 가지고 혼자 일하는 것을 중시하는 가치	디자이너, 화가, 운전기사, 연주가 등

NO	직업가치요인	직업가치 설명	관련 직업
4	직업 안정	해고나 조기퇴직의 걱정 없이 오랫동안 안정적으로 일하며 안정적인 수입을 중시하는 가치	연주가, 기술자, 변호사, 교사, 약사 등
5	변화 지향	일이 반복적이거나 정형화되어 있지 않으며 다양하고 새로운 것을 경험할 수 있는지를 중시하는 가치	연구원, 메이크업 아티스트, 광고/ 홍보 전문가, 소프트웨어 개발자, 컨설턴트 등
6	심신의 여유	건강을 유지할 수 있으며 스트레스를 적게 받고 마음과 몸의 여유를 가질 수 있는 업무나 직업을 중시하는 가치	레크리에이션 진행자, 교사, 대학교수, 조경기술자, 화가 등
7	영향력 발휘	타인에게 영향력을 행사하고, 일을 자신의 뜻대로 진행할 수 있는지를 중시하는 가치	감독 또는 코치, 관리자, 성직자, 변호사 등
8	지식 추구	일에서 새로운 지식과 기술을 얻을 수 있고, 새로운 지식을 발견할 수 있는지를 중시하는 가치	판사, 연구원, 경영컨설턴트, 소프트웨어 개발자, 디자이너 등
9	애국	국가의 장래나 발전을 위하여 기여하는 것을 중시하는 가치	군인, 경찰관, 소방관, 사회단체활동가, 검사 등
10	자율	다른 사람들에게 지시나 통제를 받지 않고 자율적으로 업무를 해 나가는 것을 중시하는 가치	연구원, 자동차 세일즈맨, 레크리에이션 진행자, 광고 전문가, 예술가 등
11	금전적 보상	생활하는 데 경제적인 어려움이 없고 돈을 많이 벌 수 있는지를 중시하는 가치	프로운동선수, 공인회계사, 증권/ 투자중개인, 금융자산운용가, 기업 고위임원
12	타인의 인정	자신의 일이 다른 사람들로부터 인정받고 존경받을 수 있는지를 중시하는 가치	항공기조종사, 교수, 판사, 운동선수, 연주가 등
13	실내 활동	주로 사무실에서 일할 수 있으며, 신체활동을 적게 요구하는 업무나 작업을 중시하는 가치	번역사, 관리자, 상담원, 연구원, 법무사 등

출처 : 한국고용정보원 워크넷(http://www.work.go.kr)

2. 직업가치관검사 결과의 이해

직업가치관검사는 개인이 직업과 관련된 다양한 욕구 및 가치들 중에서 무엇을 더 중요하게 여기는가를 살펴보고, 각 개인이 생각하는 중요한 가치를 충족시킴으로써 직업만족도를 향상시킬 수 있는 직업들은 어떤 것들인지 탐색하는 데 도움을 주는 검사이다.

자신의 직업가치관을 알 수 있는 검사로는 한국고용정보원 워크넷(http://www.work.go.kr), 한국직업능력개발원 커리어넷(http://www.careernet.re.kr/)의 직업가치관 검사를 통해 살펴볼 수 있다.

직업가치관검사의 결과를 살펴보면 다음과 같다.

- 개인이 13가지의 직업가치관 하위요인 중에서 어떤 것을 더 중요하게 생각하는지를 제시하고, 진로를 선택할 때 반드시 고려해야 하는 가장 높은 3가지를 제시해 준다.
- 개인의 직업가치 점수와 우선 추천직업 중 가장 적합한 직업의 가치점수를 비교하여 어떤 가치가 유사하고 어떤 가치가 차이가 나는지를 알 수 있도록 자세히 안내해 준다. 예컨대, 검사한 사람에게 추천하는 첫 번째 직업이 보험 모집인이라면 그 직업에서 중요시되는 가치, 즉 '성취, 금전적 보상, 몸과 마음의 여유'와 관련된 점수를 보여 주고, 이것이 자신이 중요하게 생각하는 가치, 즉 '금전적 보상, 변화 지향, 개별 활동'과 관련된 가치점수와 얼마나 같고 차이가 발생하는지를 비교할 수 있도록 안내해준다.
- 검사 시 입력한 개인의 희망직업에서 요구되는 가치점수와 본인의 직업가치 점수를 비교하여 어떤 가치가 유사하고 어떤 가치가 차이가 나는지를 세부적으로 안내해 줌으로써 직업가치관과 관련된 자신의 특성을 파악할 수 있도록 도움을 준다.
- 개인별 검사 결과를 요약하고 가치 특성을 고려한 구체적인 추천직업과 우선 추천직업을 제공해준다.

그런데 앞서 다른 검사 결과에 대한 설명을 하면서 언급했듯이 직업가치관검사를 마쳤다고 해서 그 결과만으로 자신의 직업을 선택해서는 안 된다. 자신의 직업가치적 특성과 잘 맞는다고 하더라도 직업에서 요구되는 업무를 수행할 수 있는 능력, 해당 분야에 대한 적성과 흥미 등의 내적 요인과 학력수준, 직업의 전망, 경제적 여건 등의 외적 요인 등 다양한 요인들과 함께 고려하여야 한다. 그러므로 이러한 직업가치관검사 결과를 바탕으로 최종 직업을 선택하는 데 안내 역할을 하는 참고자료로 활용하여야 함을 명심하여야 한다.

3. 한국고용정보원 워크넷의 심리검사 안내

① 워크넷 초기화면에서 작업, 진로 메뉴 클릭 → ② 직업심리검사 하단, 성인용 심리검사 클릭 → ③ 성인 대상 심리검사 직업가치관검사 실시

사례연구 3

한 정신과 의사가 성공한 직업군인 열두 명을 뽑아 성공비결을 조사했다. 그들은 행복한 가정을 꾸리며 살고 있었고, 그들의 가족도 저마다 성공적으로 살고 있었다.
그들은 “인생에서 가장 소중한 것 세 가지를 순서대로 적으세요.”라고 하고 관찰하였다. 신기하게도 그들은 그 질문에 대해 40분 이상의 진지한 태도를 보였으며, 열두 명 모두가 인생에서 첫 번째로 소중한 것으로 ‘자기 자신’을 적었다고 한다.

여러분의 인생에서 자신은 어느 정도 소중하다고 생각하는가? 자신을 소중하게 여기는 것은 기본이요, 자신을 더욱 빛나게 가꾸어 줄 직업은 무엇인지 궁금하지 않은가?

자신의 직업가치관을 통한 직업 선택하기

❶ 직업가치관검사 결과에서 자신이 중요하게 생각하는 가치요인을 순위별로 적고, 이를 바탕으로 추천직업을 적어보자.

구분	가치요인	추천직업	만족 정도(100%)
1순위			
2순위			
3순위			

❷ 자신이 희망하는 직업을 적어 보고 그 직업에서 요구하는 가치요인과 그에 해당하는 자신의 점수를 비교해 보자.

구분	희망직업	요구하는 가치요인	나의 가치요인 점수
1순위			
2순위			
3순위			

❸ 직업가치관검사 결과에서 추천직업과 자신의 희망직업을 선택해 본 소감은 어떠한가?

학습평가

01 자기성찰의 연습과정에서 해야 할 일로 맞는 것은?

① 자기의 장점만을 찾기 위해 노력한다.

② 성찰노트를 작성하고 자신을 돌아본다.

③ 끊임없이 자기비하를 한다.

④ 다른 사람을 피한다.

02 성찰과 관련된 다음의 설명 중 맞으면 ○, 틀리면 ×로 표시하시오.

- 성찰을 하면 현재의 부족한 부분을 알 수 있다. ( )
- 성찰을 하더라도 한 번 실수는 반복적으로 하게 되므로, 처음에 실수를 하지 않는 것이 중요하다. ( )
- 성찰은 과거에 있었던 일에 대한 반성이기 때문에 앞으로의 일에는 영향을 주지 못한다. ( )
- 성찰은 지속적으로 연습해야 몸에 익혀진다. ( )

03 우리는 서로 다른 ( )을 가지고 있으므로 똑같은 일을 하더라도 어떤 사람에게는 가치가 없고 보람이 없는 일로 느껴질 수 있고, 반면 어떤 사람에게는 굉장히 가치가 있고 보람되는 일로 느껴질 수도 있다. 이렇게 어떤 일에 보람과 긍지를 가지게 되는 것은 결국 자신이 어떤 ( )을 가지고 있느냐와 밀접한 관련이 있다.

04 (   )는 직업과 관련된 다양한 욕구 및 가치들에 대해 상대적으로 무엇을 더 중요하게 여기는가를 살펴보고, 그 가치가 충족될 가능성이 높은 직업을 탐색할 수 있도록 도움을 주는 검사이다.

05 자기성찰과 관련하여 할 수 있는 질문들은 어떤 것이 있는지 작성해 보자.

학습 내용 요약

1. 자기성찰은 자신을 되돌아보고 반성하고 살피는 것을 말한다. 그런데 단순히 자신에 대해 알고, 받아들이는 이해가 아니라 자신이 무엇을 잘못하고 있진 않은지, 반성할 것은 없는지 되돌아보는 것이 진정한 자기성찰이라고 할 수 있다.
2. 직업인은 자신이 한 일에 대하여 성찰을 하면 앞으로 다른 일을 하는 데 필요한 노하우를 축적할 수 있으며, 성장의 기회를 마련할 수 있다. 또한 다른 사람에게 신뢰감을 형성할 수 있고 창의적인 사고도 가능해진다. 이러한 성찰은 지속적인 연습의 과정으로 성찰노트를 작성하거나 끊임없이 질문하여 개발해야 한다.
3. 가치관(view of value)은 무엇이 옳다거나, 좋다거나 또는 바람직하다는 개인의 생각을 내포하는 도덕적 취향이다. 사람들은 누구나 중요하다고 생각하는 가치들을 가지고 있는데, 이런 가치관은 무엇이 옳고 바람직한가에 대한 기본적인 판단 기준을 제공하기 때문에 개인의 행동양식과 사고에 영향을 미칠 뿐만 아니라 일상생활의 모든 결정과 선택에 있어서 중요한 기준으로 작용한다.
4. 직업의 가치를 결정하는 기준은 두 가지가 있다고 할 수 있다. 첫째, 그 일을 함으로써 재미는 물론 성취감, 보람, 열정을 느낄 수 있느냐는 것이고, 둘째, 그 일을 통해서 적절한 보상과 인센티브를 얻을 수 있느냐는 것이다.
5. 직업가치란 직업생활을 통하여 충족하고자 하는 욕구 또는 상대적으로 중요시하는 것을 의미한다.
6. 직업가치관검사는 직업과 관련된 다양한 욕구 및 가치들에 대해 상대적으로 무엇을 더 중요하게 여기는가를 살펴보고, 그 가치가 충족될 가능성이 높은 직업을 탐색할 수 있도록 도움을 주는 검사이다.

PART 3

자기관리능력

Chapter

07

자기관리능력의 이해

Contents

1. 자기관리능력의 정의와 중요성
2. 자기관리단계
3. 감정관리

학습목표

1. 자기관리능력을 설명할 수 있다.
2. 자기관리방법을 설명할 수 있다.
3. 자신의 내면을 관리할 수 있다.
4. 협업을 설명할 수 있다.
5. 감정관리의 방법을 설명할 수 있다.

주요 용어

자기관리능력	협업	자기관리단계
	감정관리	감정관리방법

미리보기

그녀는 미국의 시골인 미시시피 주에서 사생아로 태어났다. 6세 때 위스콘신 주 밀워키로 이주하여 자라온 그녀는 어린 시절 상당한 고난을 겪어야 했다. 그녀는 9살에 사촌 오빠로부터 성폭행을 당했다. 14살에 미혼모가 되었고 그녀의 아들이 2주 후에 죽는 고통을 겪었다. 그녀는 테네시 주에 이발사인 아버지와 함께 살기 위해 보내졌다.

그 후 그녀는 고등학생 때 라디오 프로에서 일을 얻었고, 19살에 지역의 저녁 뉴스 공동 캐스터를 시작했다. 그녀의 즉흥적 감정 전달 덕분에 그녀의 활동무대는 낮 시간대의 토크쇼로 옮겨졌다. 그 이름은 '오프라 윈프리 쇼'다.

1983년 오프라 윈프리는 시카고에서 낮은 시청률을 가진 30분짜리 아침 토크쇼인 에이엠 시카고(AM Chicago)의 진행자였다. 오프라 윈프리가 맡게 된 지 한 달 후 그녀는 시카고에서 가장 인기 있는 토크쇼, 도나휴를 능가하게 만들었다. 그 쇼는 전국적으로 방영되는 '오프라 윈프리 쇼'로 바뀌었다.

오프라 윈프리는 20세기의 가장 부자인 흑인계 미국인으로 꼽혔고, 미국의 상위 자산가들 중 첫 번째 아프리카계 미국인이며 세계에서 유일한 흑인 억만장자이다.

그녀는 어릴 때부터 불우하고 어려운 환경에서 자라났지만 끊임없는 열정과 철저한 자기관리를 통해 지금은 세계에서 가장 영향력 있는 여성으로 불린다.

출처 : '내 인생 최고의 쇼' 중에서

- 오프라 윈프리는 어떻게, 왜, 무엇으로 힘들고 어려운 환경을 이겨내게 되었을까?
- 오프라 윈프리가 인생의 고난과 역경에서 이겨낼 때 나에게도 필요한 가치관, 성품, 능력은 어떠한 것이 있을까?

제7장에서는 직장생활에서 중요한 역할을 하는 자기관리의 능력을 학습한다. 먼저 자기관리의 정의를 이해하고, 자기관리능력과 자기관리방법을 이해한다. 또한 직장생활에서 필요한 협업과 감정관리방법에 대해서도 탐구한다.

01 자기관리능력의 정의와 중요성

1. 자기관리의 정의

자기관리는 자신을 이해하고, 목표를 성취하기 위해 자신의 행동 및 업무수행을 관리하고 조정하는 것이며, 자기관리능력은 이러한 자기관리를 잘 할 수 있는 능력을 의미한다. 자기관리를 잘 하는 것은 보다 나은 미래를 영위할 수 있는 추진력이 된다. 자기관리를 잘하는 사람은 자신의 비전과 목표를 잘 알고, 이에 따라 자신이 수행해야 될 과제를 알고 있으며 효과적으로 수행하는 사람이다.

2. 자기관리의 방법

학생의 신분에서 벗어나 직장생활을 시작하면 모든 것이 혼란스럽고 두렵지만, 그렇다고 너무 걱정만 앞세우거나 어려워하지 않아도 된다. 처음에는 부족한 부분을 다른 직원이나 선배들한테 배워가면서 기반을 닦는다고 생각하면 조금은 마음이 편해질 것이다.

2.1 자신의 일과 협업

처음 부서에 배치를 받으면 어떤 업무를, 어떤 범위의 수준으로 얼마나 해야 하는지 혼란스러울 때가 많다. 조직 내에서는 업무가 확실히 구분되어 정해지는 것이 아니므로 최소한 자신이 직접 해야 할 일과 다른 사람, 또는 다른 부서와 같이 해야 할 일을 구분하여야 할 필요가 있다. 구분이 빠를수록 불필요한 에너지를 줄이고 자신이 집중해야 할 부분에 시간과 노력을 집중함으로써 효율적으로 업무를 수행할 수 있다.

2.2 태도의 중요

실력도 중요하지만 태도가 더 중요하다. 실력도 좋고 지식도 풍부한 반면, 사회생활을 하는 데 있어서 기본적으로 필요한 에티켓을 지키지 않아 자신의 능력을 충분히 인정받지 못하는 경우가 많아 안타깝다.

회사에서 처음에는 신입사원에게 많은 성과를 바라기보다는 그 사람의 잠재력을 믿는 것이므로 회사에 잘 적응하고 기존 인력과의 팀워크와 소통을 원한다. 그래서 실력도 중요하지만 그에 걸맞는 태도 또한 매우 중요한 요소임에 틀림없다.

2.3 기업이 원하는 인재상

시대가 바뀌면서 기업이 원하는 인재상도 변하고 있다. 특히, 1990년대 IMF 외환위기를 겪으면서 '한 번 입사하면 한 직장에서 평생 일해야 한다'는 풍조가 깨지고, 현장에 바로 투입할 수 있는 경력직 채용 시장이 형성되기도 했다. 기업 규모별로 대기업은 창의성과 전문성을 가장 중요시하는 반면 중소기업은 창의성, 도전정신과 성실성을, 외국계 기업은 팀워크 능력과 열정을 갖춘 인재를 최고로 꼽고 있다.

표 7-1 기업이 요구하는 인재상

시대별	기업이 원하는 인재	기업이 요구하는 역량
1960년대	순응형	성실성, 책임감, 협조성
1970년대	진취형	성실성, 적극성, 진취성
1980년대	순응형+자기주도형	주도성, 창의성, 책임감
1990년대	자기주도형	적극성, 진취성, 성취욕, 도전정신
2000년대	전인적 인간형	도덕성, 창의성, 전문성, 도전정신
현대	유연적 사고형	도덕성, 창의성, 전문성, 글로벌 역량

직업선택의 역설 – 거창고등학교의 직업선택 10계명

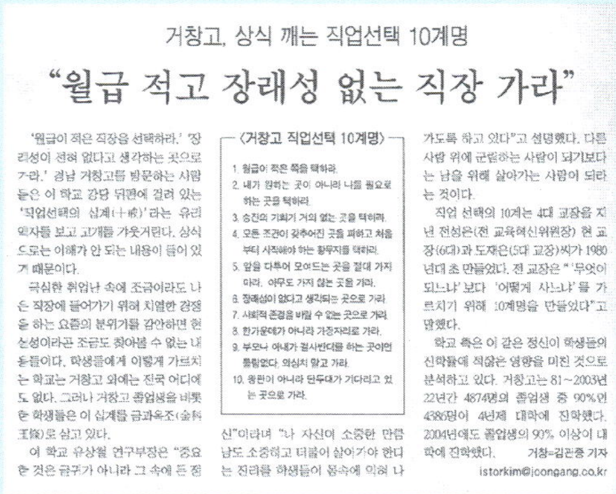

거창고, 상식 깨는 직업선택 10계명

"월급 적고 장래성 없는 직장 가라"

'월급이 적은 직장을 선택하라.' '장래성이 전혀 없다고 생각하는 곳으로 가라.' 경남 거창고를 방문하는 사람들은 이 학교 강당 뒤편에 걸려 있는 '직업선택의 십계(十戒)'라는 유리액자를 보고 고개를 갸웃거린다. 상식으로는 이해가 안 되는 내용이 들어 있기 때문이다.

극심한 취업난 속에 조금이라도 나은 직장에 들어가기 위해 치열한 경쟁을 하는 요즘의 분위기를 감안하면 현실성이라곤 조금도 찾아볼 수 없는 내용들이다. 학생들에게 이렇게 가르치는 학교는 거창고 외에는 전국 어디에도 없다. 그러나 거창고 졸업생을 비롯한 학생들은 이 십계를 금과옥조(金科玉條)로 삼고 있다.

이 학교 유상월 연구부장은 "중요한 것은 금구가 아니라 그 속에 든 정신"이라며 "나 자신이 소중한 만큼 남도 소중하고 더불어 살아가야 한다는 진리를 학생들이 몸속에 익혀 나가도록 하고 있다"고 설명했다. 다른 사람 위에 군림하는 사람이 되기보다는 남을 위해 살아가는 사람이 되라는 것이다.

〈거창고 직업선택 10계명〉

1. 월급이 적은 쪽을 택하라.
2. 내가 원하는 곳이 아니라 나를 필요로 하는 곳을 택하라.
3. 승진의 기회가 거의 없는 곳을 택하라.
4. 모든 조건이 갖추어진 곳을 피하고 처음부터 시작해야 하는 황무지를 택하라.
5. 앞을 다투어 모여드는 곳을 절대 가지 마라. 아무도 가지 않는 곳을 가라.
6. 장래성이 없다고 생각되는 곳으로 가라.
7. 사회적 존경을 바랄 수 없는 곳으로 가라.
8. 한가운데가 아니라 가장자리로 가라.
9. 부모나 아내가 결사반대를 하는 곳이면 틀림없다. 의심치 말고 가라.
10. 왕관이 아니라 단두대가 기다리고 있는 곳으로 가라.

직업 선택의 10계는 4대 교장을 지낸 전성은(전 교육혁신위원장) 현 교장(6대)과 도재은(5대 교장)씨가 1980년대 초 만들었다. 전 교장은 "'무엇이 되느냐'보다 '어떻게 사느냐'를 가르치기 위해 10계명을 만들었다"고 말했다.

학교 측은 이 같은 정신이 학생들의 신학풍에 적잖은 영향을 미친 것으로 분석하고 있다. 거창고는 81~2003년 22년간 4874명의 졸업생 중 90%인 4386명이 4년제 대학에 진학했다. 2004년에도 졸업생의 90% 이상이 대학에 진학했다. 거창=김관종 기자 istorkim@joongang.co.kr

1. 월급이 적은 쪽을 턱하라.
2. 내가 원하는 곳이 다니라 나를 필요로 하는 곳을 택하라.
3. 승진의 기회가 없는 곳을 택하라.
4. 모든 것이 갖추어진 곳을 피하고 처음부터 시작해야 하는 황무지를 택하라.
5. 앞을 다투어 모여 드는 곳은 절대 가지 마라. 아무도 가지 않는 곳으로 가라.
6. 장래성이 전혀 없다고 생각되는 곳으로 가라.
7. 사회적 존경을 바랄 수 없는 곳으로 가라.
8. 한 가운데가 하니라 가장자리로 가라.
9. 부모나 아내가 결사반대를 하는 곳이면 틀림없다. 의심치 말고 가라.
10. 왕관이 아니라 단두대가 기다리고 있는 곳으로 가라.

출처 : 머니투데이 기사

3. 자기관리의 시작 – 남들과 다른 길을 가는 것

남들과 다른 길을 간다는 것은 쉽지 않은 길이다. 스칸디나비아반도에는 '레밍'이라는 쥣과의 설치류가 산다. 레밍은 절벽 아래로 뛰어 드는 '집단 자살'을 벌이는 것으로 유명하다. 이 이상한 집단 자살행위는 이렇게 시작된다. 어느 날 몇 마리의 레밍이 무작정 뛰기 시작한다. 그러면 주변의 수많은 레밍이 영문도 모르고 따라 뛴다. 그런 식으로 아무런 이유도 모른 채 다른 레밍들이 뛰니까 뛰게 된다.

그렇게 수천 마리가 함께 뛰고, 절벽을 만나도 멈출 수 없어 모두 아래로 떨어지게 되는 것이다. 아직 이러한 현상의 이유에 대해 밝혀진 것은 없지만, 이처럼 특별한 이유 없이 무작정 다수를 따라 하는 것을 '레밍 효과'라 한다.

그림 7-1 무작정 다수를 따라 하는 레밍 효과

TV에서 맛있는 집으로 소개되면 손님이 몰리고 방청객의 웃음소리에 따라 웃게 되는 것이 바로 이 때문이다. 이는 자신의 진로를 설정할 때 강하게 나타난다. 대개 누군가가 조금 다른 길을 가게 되면 이렇게 말하곤 한다.

"네 꿈은 너무 비현실적이야, 지금은 스펙을 쌓아야지"

"남들 다 상사들과 골프에 명절마다 인사를 하는데, 김대리는 뭐하는 거야?"

대다수가 정한 틀에 묶여, 남들과 다른 길을 가고 있다면 저런 말들에 기죽지 말라.

적어도 무작정 따라 가는 것보다는 훨씬 낫다. 철의 여인으로 유명한 영국의 마거릿 대처 수상은 이렇게 말했다.

"남들과 다른 생각을 하는 것, 다른 길을 가는 것을 오히려 축복이라 생각하라. 자기가 삶의 주인이 될 가능성이 높은 사람이다."

02 자기관리단계

자기관리단계는 자신의 비전과 목표를 정립하고, 자신의 역할 및 능력을 분석하여 과제를 발견하며, 이에 따른 일정을 수립하여 시행하는 절차로 이루어진다. 이렇게 시행된 결과는 지속적인 자기관리를 위하여 반성하고 피드백한다.

1. 자기관리 5단계

단계	내용
1단계 비전 및 목적 정립	• 자신에게 가장 중요한 것 파악 • 가치관, 원칙, 삶의 목적 정립 • 삶의 의미 파악
2단계 과제 발견	• 현재 주어진 역할 및 능력 • 역할에 따른 활동목표 • 우선순위 설정
3단계 일정 수립	• 하루, 주간, 월간 계획 수립
4단계 수행(실행)	• 수행과 관련된 요소 분석 • 수행방법 찾기
5단계 반성 및 피드백	• 수행 결과 분석 • 피드백

그림 7-2 자기관리 5단계

2. 자기관리단계의 실행방안

2.1 비전 및 목적 정립

자동차를 운전하는데 도착해야 할 정확한 목표지점이 없다면 어떻게 될까? 어떤 행동을 하거나 일을 수행하기 위해서는 비전과 목적을 정립하여 방향성을 가지는 것이 중요하다. 비전과 목적은 모든 행동 혹은 업무의 기초가 되며, 의사결정에 있어서 가장 중요한 지침으로 적용된다. 자신의 비전과 목적을 정립하기 위하여 다음과 같은 질문을 해볼 수 있다.

- 나에게 가장 중요한 것은 무엇인가?
- 나의 가치관은?
- 내가 생각하는 의미 있는 삶은?
- 내가 살아가는 원칙은?
- 내 삶의 목적은 어디에 있는가?

2.2 과제 발견

비전과 목표가 정립되면 현재 자신의 역할 및 능력을 다음 질문을 통해 검토하고, 할일을 조정하여 자신이 수행해야 될 역할들을 도출한다.

- 자신이 현재 수행하고 있는 역할과 능력은 무엇인가?
- 역할들 간에 상충되는 것은 없는가?
- 현재 변화되어야 할 것은 없는가?

그리고 이 역할들에 상응하는 활동목표를 설정한다. 성공하는 사람들은 실제적이고 성취 가능한 목표를 설정하되 목표는 크게 갖는다. 큰 그림을 그려야 된다. 호랑이를 그리려고 해야 고양이라도 그릴 수 있는 것이다. 활동목표는 너무 크거나 높은 경우 세부목표로 나누고, 실행 가능한 목표로 조정한다.

수행해야 될 역할들이 도출되고 이에 적합한 활동목표가 수립되면, 각 역할 및 활동 목표별로 해야 될 일을 우선순위에 따라 구분한다. 우선순위를 구분하는 여러 방법들이 소개되고 있지만 일반적으로 사용하는 방법은 가장 중요하고, 가장 긴급한 일일수록 우선순위가 높다고 판단하는 것이다.

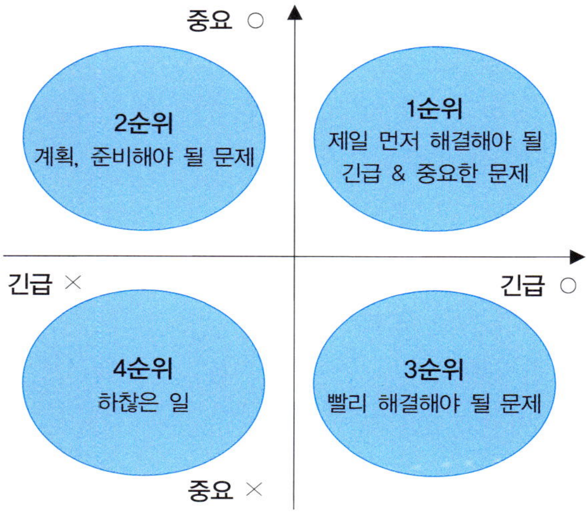

그림 7-3 일정 수립단계

2.3 일정 수립

일의 우선순위에 따라 구체적인 일정을 수립한다. 일정은 월간 계획 → 주간 계획 → 하루 계획의 순으로 작성한다. 월간 계획은 보다 장기적인 관점에서 계획하고 준비해야 될 일을 작성하며, 주간 계획은 우선순위가 높은 일을 먼저 하도록 계획을 세우고, 하루의 계획은 이를 보다 자세하게 시간단위로 작성한다.

한 가지 주의할 점은, 빨리 해결해야 될 긴급한 문제라고 하여 우선순위를 높게 잡고 이를 중심으로 계획을 세우게 된다면 오히려 중요한 일을 놓치게 되는 잘못을 저지르게 된다. '소중한 것을 먼저 하라.' 스티븐 코비의 제언을 항상 염두에 두어야 한다. 따라서 앞서 분석한 우선순위에 따라 중요한 일을 모두 수행할 수 있도록 계획을 세우는 지혜가 필요하다.

2.4 수행

구체적인 일정을 수립하면 이에 따라 수행을 한다. 수행에는 다음과 같은 요소들이 영향을 미친다. 따라서 지금 내가 하려고 하는 일은 무엇인지, 이 일에 영향을 미치는 요소들은 무엇인지, 이를 관리하기 위한 어떤 방법이 있는지를 찾아 계획한 대로 바람직하게 수행되도록 한다.

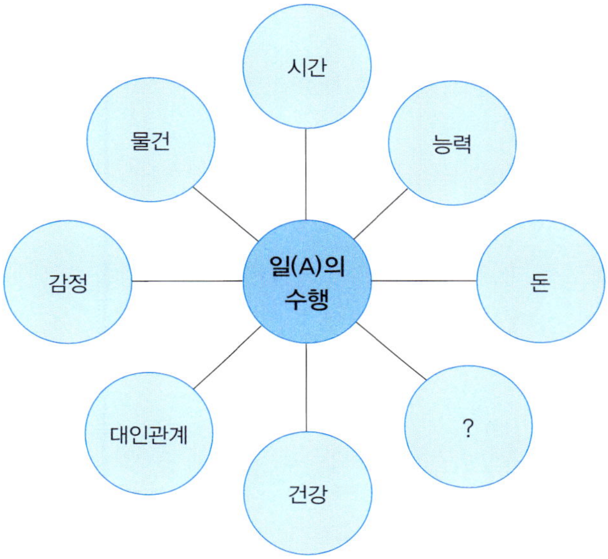

그림 7-4 수행의 단계

2.5 반성 및 피드백

일을 수행하고 나면 다음의 질문을 통해 분석하고, 결과를 피드백하여 다음 수행에 반영한다.

- 어떤 목표를 성취하였는가?
- 일을 수행하는 동안 어떤 문제에 직면했는가?
- 어떻게 결정을 내리고 행동했는가?
- 우선순위, 일정에 따라 계획적으로 수행하였는가?

3. 자기관리를 통한 목표관리 – SMART 법칙

확실한 목표를 수립하고 목표를 달성하기 위해서는 전략적이고 체계적인 계획을 세워야 한다. 이러한 목표의 달성 가능성을 높이기 위해서는 SMART 법칙의 5가지 기준에 의해 추진할 때 달성 가능성이 높아진다.

(1) S(Specific) : 구체적인 목표

목표를 구체적으로 설정하고 언제, 어디서, 무엇을, 어떻게, 얼마나 할 것인지를 분명히 정한다.

(2) M(Measurable) : 측정 가능한 목표

목표달성 진척도를 판단하기 위해서 변화 정도가 오감을 통해 선명하게 관찰될 수 있고 수치로 확인될 수 있어야 한다.

(3) A(Achievable) : 달성 가능한 목표

목표달성의 단계를 계획해서 각 단계별로 행동을 통해서 달성할 수 있어야 한다.

(4) R(Realistic) : 현실성 있는 목표

목표는 현실적이고 적절하며 실현 가능한 구체적인 결과를 도출할 수 있어야 한다.

(5) T(Time – bounded) : 시간 제한 목표

목표달성 기한을 정확히 설정하고 즉시 실행할 수 있는 것이어야 한다.

사례연구 1 **자기관리를 잘하는 사람**

인사팀의 나바빠 씨는 항상 허둥지둥 바쁘고 정신이 없다. 누가 보더라도 나바빠 씨는 인사팀에서 가장 열심히 일하는 것 같은데 팀장한테 질책을 받기 일쑤다. 오늘 아침에도 어김없이 일을 제때에 못 마쳐서 질책을 받았다. 반면에 같은 팀의 노력해 씨는 언제 일했는지도 모르게 훌륭하게 일을 수행하여 칭찬을 받는다.

오늘 사내 온라인 게시판에 인사평가 결과가 공지되었다. 언제나처럼 나바빠 씨는 낮은 점수를, 노력해 씨는 높은 점수를 받았다. 얼마 후면 인사이동이 있다고 하는데, 나바빠 씨는 위기감을 느꼈다. 그래서 도대체 노력해 씨가 일을 잘하는 이유가 무엇인지 그의 행동과 습관 등을 면밀히 조사해보기로 했다.

먼저 노력해 씨의 자리에 가보았더니, 자신의 책상과 비교되게 너무 깨끗하게 정리되어 있었다. 가장 눈에 띄는 것은 책상 앞에 큰 글씨로 "성실한 사람이 되자, 노력한 만큼 얻는다."라고 쓰여 있는 글귀가 눈에 들어왔다. 이 글을 보니 노력해 씨는 아침에 가장 먼저 출근하여 책을 보고, 대학원도 다니면서 자신을 개발하고 있다는 사실이 떠올랐다.

그리고 그 옆에는 이번 달 계획, 이번 주 계획, 오늘의 계획이 구체적으로 적혀 있는 수첩이 있었다. 신기하게도 수첩의 각 계획들에는 빨간 글씨로 1, 2, 3, 4와 같은 숫자가 적혀 있었다. 또한 수첩에는 자신이 잘 한 일, 직면한 문제, 이에 따른 자신의 결정, 결정에 대한 반성적 내용이 적혀 있는 것을 알 수 있었다.

위 사례에 대해 각자의 생각을 정리하고 자신의 의견을 팀원들과 공유하시오.
노력해 씨는 어떻게 행동했는가? 같은 사건 혹은 상황에서 나는 어떻게 행동할 것인가?

노력해 씨	자신(학생)
• 노력해 씨의 책상에는 무엇이 적혀 있었는가? • 이러한 글귀를 적어놓은 이유는 무엇일까? • 이는 노력해 씨의 행동에 어떠한 영향을 미치고 있는가?	• 내가 추구하는 목표는 무엇인가? • 나의 인생의 목적은 무엇인가? • 나는 목표를 위해 하고 있는 역할은 무엇이 있을까?
자신의 목표를 명확하게 알고 매일 점검하기 위하여 "성실한 사람이 되자, 노력한 만큼 얻는다."라고 적어두었다.	
• 노력해 씨는 어떤 식으로 일정을 수립하고 있는가? • 이렇게 일정을 수립할 때에 장점은 무엇인가?	• 나는 어떻게 일정을 수립하고 있는가? • 나의 개선되어야 할 점은 무엇인가?
노력해 씨가 적은 1, 2, 3, 4 숫자의 의미는 무엇일까?	나는 일정 조정을 어떻게 하고 있는가?
노력해 씨는 일을 수행하고 나서 어떠한 사항을 반성하고 작성하였는가?	나는 어떤 일을 수행하고 나서 반성을 하는가? 그리고 어떤 식으로 하는가?

03 감정관리

인내심을 가지고 있는 사람은 그렇지 않은 사람에 비해 성공할 가능성이 더 높다고 한다. 또한 직장인은 스트레스를 해소하기 위해서도 자신의 마음을 관리하고 긍정적인 생각을 가질 필요가 있다.

어떠한 문제가 발생했을 때, 외부적인 환경이나 운명에 의해서 결정된다고 생각하는 사람이 있는 반면에 자신의 행동을 통해서 스스로 통제할 수 있다고 믿는 사람이 있다. 이론적으로 자기 스스로 운명을 통제할 수 있다고 믿는 사람은 그렇지 않은 사람보다 성공할 확률이 높은 것으로 나타나고 있다.

1. 감정관리의 방법

어떠한 심리적 태도를 가지느냐는 그 사람의 성패를 좌우하며, 인내심을 키우고 긍정적인 마인드를 가진다면 그 성공은 조금 더 가까운 곳에 있을 것이다.

1.1 인내심 키우기

현재는 당장 손해 보는 것 같더라도, 참고 인내하면 더 큰 결실을 보게 된다. 인내심을 가지지 못하고 화를 내거나 일을 자꾸 변경하는 사람은 객관적이기보다 감정적인 사람으로 보이고, 신뢰감을 주지 못한다.

인내심을 기르기 위해서는 첫째, 자신의 목표를 분명히 해야 한다. 자신의 목표가 분명하게 정립되면 이를 성취하기 위하여 현재의 어려움을 인내할 수 있게 된다. 둘째, 새로운 시각으로 상황을 분석한다. 어떤 사물이나 현상을 보는 시각은 매우 다양하며, 같은 것이라도 다른 시각으로 보게 되면 극복할 수 있다.

1.2 긍정적인 마음 갖기

1962년 NASA에서는 인생에서 심각한 위기를 겪은 적이 없거나, 실패를 극복한 경험이 없는 지원자는 탈락시켰다. 최근 긍정적인 마음을 가지고 실패를 극복하는 중요성이 새롭게 부각되고 있다. 실패는 곧 파멸을 의미하던 이전의 시각이 바뀌어 '실패의 원인을 분석하고 실패로부터 긍정적인 사고를 통해 성공을 이끌어 내자'는 움직임이 일고 있다.

긍정적인 마음을 가지기 위해서는 먼저 자신을 긍정해야 한다. 자신의 능력과 가치를 신뢰하고 있는 그대로의 자신을 받아들여 건강한 자아상을 확립한다. 그리고 과거에 받았던 상처나 고민을 털어버리고 타인을 원망하는 마음을 가지지 않도록 노력한다. 또한 고난이나 역경을 통하여 자신이 성장할 수 있다는 가능성을 믿고, 어려움 속에서 자신을 개발하는 법을 터득해야 한다.

2. 감정관리의 훈련

유익하고 좋은 성품을 갖거나 감정을 관리하기 위해서는 의식적인 노력, 신중한 계획과 의지, 끈기 있게 품성을 가꾸는 용기가 필요하다. 참된 위대함은 그가 처한 환경에 있는 것이 아니라, 그의 성품에 있다.

1.1 좋은 성품의 습관

좋은 성품을 형성하는 것은 매우 유익한 일이다. 사회생활이나 직장생활에서 필요하며 좋은 성품은 엄청난 자원과도 같다. 좋은 성품은 좋은 습관에 의해 형성된다. 스티븐 코비는 "우리의 성품은 근본적으로 습관의 복합체"라고 말했다. 좋은 습관의 반복은 좋은 성품을 낳고 좋은 성품의 직장생활은 좋은 인간관계를 통해 좋은 결과를 만들어 낼 확률이 높다.

1.2 좋은 언어의 습관

한 사람을 변화시키기 위해서는 언어습관을 바꾸어야 한다. 좋은 언어가 좋은 사람을 만들고, 좋은 사람은 좋은 언어를 사용한다. 언어를 보면 그 사람의 됨됨이를 알 수 있다. 좋은 언어와 좋은 사람과의 관계는 불가분의 관계이다.

1.3 좋은 훈련의 습관

좋은 습관을 형성하기 위해 구체적인 계획을 세우고 구체적인 훈련을 해야 한다. 기억에 도움이 되는 메모 습관, 거울을 보며 웃는 연습, 요즈음은 스마트폰을 쓰기 때문에 기능을 활용한 메모장 작성, 캘린더 일정관리, 카카오톡이나 페이스북을 통한 관계의 지속 등 유익한 반복은 유익한 결과를 낳으며 직장생활의 탁월함에 이르는 길이다.

쉬어 갑시다 – 상사와의 문제

Q. 실수를 해서 상사에게 찍혔다면 어떻게 해야 할까?

A. 완전 까칠한 상사에게 찍혀 인사를 해도 쳐다보지 않는다. 어떻게 해야 할까?
무조건 웃어야 한다. 웃는 얼굴에 침 못 뱉는다. 아무리 무시하고 모멸감을 줘도 죄송하다는 걸 내비치고 늘 웃어야 한다. 직장을 옮길 생각이 없다면 상사의 마음을 풀어야 한다. 특히, 상사와 함께하는 순간에는 전보다 훨씬 더 열심히 노력하는 모습을 보여야 한다. 일단 밉보인 부하 직원을 상사는 호시탐탐 노리며 지켜보고 있기 때문이다.
이런 상황이 너무 힘들다면 상사를 차라리 '갓난아기'라고 생각하라. 말 못하는 아기가 울면 달래는 방법밖에는 없다.

Q. 헉, 상사 욕을 하다가 딱 걸렸다! 메신저로 다른 회사 친구와 신나게 상사 험담을 하고 있는데 왠지 어깨 뒤가 서늘해졌다면?

A. 백배 사죄하라. 당장 가서 죄송하다고 말하라. 상사가 너무 화가 나 보이면 조금 진정된 다음에 사과하는 것이 좋다. 그래도 너무 늦게 가면 더 다가가기 힘들기에 5~10분 내로, 진심이 느껴질 만큼 정중한 자세와 말투로 사과해야 한다. 잘못했을 때는 확실하게 사과하는 것 말고는 방법이 없다. 그리고 다시는 뒤에서 험담하지 않도록 하라.

사례연구 2 성공을 위한 감정관리

1960년대에 스탠포드 대학에서는 유치원에 다니고 있는 4세의 아이들을 대상으로 마시멜로를 이용하여 의미 있는 실험을 한 적이 있다. 우선 아이들을 한 곳에 모아서 앞에 마시멜로를 하나씩 놓아주고 이렇게 말하는 것이다.
"잠깐 나갔다 올 테니까 돌아올 때까지 먹지 말고 기다리면 상으로 마시멜로를 하나 더 줄게. 하지만 그때까지 못 기다리고 마시멜로를 먹어버리는 사람은 하나밖에 못 먹는 거야."
당연히 연구원이 돌아올 때까지 기다리는 아이도 있었고, 눈앞에 있는 마시멜로의 유혹에 넘어가버린 아이들도 있었다. 이 실험은 아이들의 인내심을 측정하고 그들의 성취능력을 비교하기 위한 것이다.

10년 뒤에 그 아이들이 자라서 청년이 되었을 때 마시멜로를 먹은 그룹과 먹지 않은 그룹을 비교해 보았다. 그 결과 마시멜로를 먹지 않고 참았던 그룹의 아이들은 대인관계능력이나 스트레스를 극복하는 능력이 뛰어났고 학업성적도 아주 우수했지만, 순간의 욕구를 참지 못한 아이들은 작은 일에도 쉽게 좌절했으며 학업성적도 부진했다고 한다.
인내심의 차이는 성적의 차이가 되고 인생의 성취능력을 좌우한다는 것이 실증적으로 밝혀졌다.

출처 : 생산적인 삶을 위한 자기발전노트 50

위 사례에 대해 각자의 생각을 정리하고 자신의 의견을 팀원들과 공유하시오.

❶ 마시멜로를 먹은 아이들과 먹지 않은 아이들의 태도 및 성향은 어떠하였을까?

❷ 현대사회를 살아가는 데 있어 마시멜로를 먹지 않고 참은 아이들에게서 축적된 능력이 있었다면 무엇이었을까?

학습평가

01 다음은 자기관리가 이루어지는 단계를 나타낸 것이다. 1단계와 3단계에 들어갈 내용을 각각 작성하여 보자.

> 1단계 : ____________
> 2단계 : 과제 발견
> 3단계 : ____________
> 4단계 : 수행
> 5단계 : 반성 및 피드백

02 인내심과 긍정적인 마인드에 대한 설명으로 적절하지 않은 것은?

① 인내심을 가진 사람은 신뢰감을 줄 수 있다.
② 자신의 목표를 분명하게 정립하면 인내심을 키우는 데 도움이 된다.
③ 인내심을 키우기 위해서는 일관되게 한 가지 시각으로 상황을 분석한다.
④ 자기 스스로 운명을 통제할 수 있다고 믿는 사람은 그렇지 않은 사람보다 더 성공할 확률이 높다.

03 다음 중 감정관리의 방법에서 맞으면 ○, 틀리면 ×로 표시하시오.

① 인내심 키우기에서 현재는 당장 손해 보는 것 같더라도, 참고 인내하면 더 큰 결실을 보게 된다. (   )
② 긍정적인 마음을 갖기 위해서는 먼저 외부에서 긍정적으로 인정해줘야 한다. (   )

04 **다음을 바르게 연결하시오.**

① M(Measurable)	A. 측정 가능한 목표
② A(Achievable)	B. 구체적인 목표
③ S(Specific)	C. 달성 가능한 목표

05 **현대의 기업이 원하는 인재상과 필요로 하는 역량은 무엇인가?**

인재상 :

역량 :

학습 내용 요약

1. 자기관리는 자신을 이해하고, 목표를 성취하기 위해 자신의 행동 및 업무수행을 관리하고 조정하는 것이며, 자기관리능력은 이러한 자기관리를 잘 할 수 있는 능력을 의미한다.
2. 직장인은 실력도 중요하지만 태도가 더 중요하다. 실력도 좋고 지식도 풍부한 반면, 사회생활을 하는 데 있어서 기본적으로 필요한 에티켓을 지키면 더욱 좋은 이미지를 형성할 수 있다.
3. 자기관리단계는 자신의 비전과 목표를 정립하고, 자신의 역할 및 능력을 분석하여 과제를 발견하며, 이에 따른 일정을 수립하고 실행하며 그 결과를 토대로 반성하고 피드백한다.
4. 확실한 목표를 수립하고 목표를 달성하기 위한 SMART 법칙 5가지
   (1) S(Specific) : 구체적인 목표
   (2) M(Measurable) : 측정 가능한 목표
   (3) A(Achievable) : 달성 가능한 목표
   (4) R(Realistic) : 현실성 있는 목표
   (5) T(Time - bounded) : 시간제한 목표
5. 어떠한 심리적 태도를 가지느냐는 그 사람의 성패를 좌우하며, 인내심을 키우고 긍정적인 마인드를 가진다면 그 성공은 조금 더 가까운 곳에 있을 것이다.

Memo

Chapter

08

업무수행 성과 향상

Contents

1. 업무수행 성과 관련 요인 분석
2. 업무수행 성과 향상을 위한 행동전략
3. 롤모델

학습목표

1. 업무수행 성과에 대해 설명할 수 있다.
2. 업무수행 성과요인을 설명할 수 있다.
3. 자신의 생산성을 관리할 수 있다.
4. 업무수행 성과 행동전략을 설명할 수 있다.
5. 롤모델의 설정과 관계유지를 설명할 수 있다.

주요 용어

업무수행 성과	업무수행 성과 요인	업무성과 향상방법
업무성과 행동전략	롤모델 설정	롤모델 관계 유지

미리보기

두 회사의 사례를 보고, 성과관리에 어떤 차이가 있는지 찾아보자.

1. 나한숨 씨가 속한 모바일 액세서리업계는 경쟁이 매우 치열한 상황이다. 회사는 신제품을 출시하고 조기에 시장점유율을 높이기 위해 총력전을 펼치고 있다. 기존 모델의 점유율과 신제품의 점유율을 합쳐 6개월 내에 최소한 35%의 시장점유율을 확보해야 한다. 이 목표를 달성하고 나아가 업계 1위를 탈환하기 위해 모든 노력을 쏟아 붓기로 했다. 이에 따라 금년 상반기 매출 목표를 전년대비 120%로 높게 설정하고 달성을 위해 직원들을 독려하고 있다.

   회사의 영업팀은 9명의 영업사원과 팀장으로 구성되어 있다. 영업팀장인 나팀장은 이번에 영업본부장으로부터 목표를 필히 달성하도록 강한 압력을 받고 있다. 그러나 사실 나팀장은 목표 달성은 무리라는 생각을 하고 있다. 하지만 자신도 충분히 납득이 되지 않은 상황임에도 팀원들을 모아 놓고 상황의 심각성을 알리고 팀의 영업목표를 개인별로 할당하였다. 그리고 목표를 달성한 팀과 직원에게는 포상을 주고 그렇지 못한 팀과 직원에게는 강한 불이익을 준다는 영업본부장의 말을 전하였다. 팀원들은 아무 말도 못 꺼내고 자리로 돌아와서는 한숨들을 내쉬었다.

2. 다함께 씨가 속한 회사는 모바일 액세서리업계에서 나한숨 씨가 속한 회사와 경쟁하고 있다. 이 회사 역시 새로운 제품을 출시하여 초기 시장 지배력을 높이고자 애쓰고 있다. 이 회사는 영업목표 달성을 위한 영업전략회의를 열었다. 영업본부장은 이 회의를 통하여 시장 환경을 분석하고 자신들의 전략을 점검하면서 팀장과 팀원들의 의견을 구하였다. 그러면서 목표 달성을 위한 모든 가능한 방법들에 대하여 토론을 유도하고 몇 가지 중요한 마케팅 전략을 논의하였다. 예상 영업실적을 가늠하면서 여기에다 의욕치를 조금 더하여 전년대비 25%의 매출 신장을 달성하기로 하고 이와 함께 기존의 성과 인센티브를 보완 강화하기로 하였다. 그리고 이러한 목표를 달성하기 위한 활동들은 팀장이 판단하기로 하였다.

   영업팀장인 다팀장은 팀원들에게 상위 방침과 목표를 충분히 전달하고 팀의 목표를 제시하였다. 팀원들의 의견을 구하기 위한 회의를 몇 차례 더 진행하면서 팀원들은 점차 목표에 대한 공감대를 형성하고 구체적인 실행 아이디어를 내놓기 시작하였다. 이에 다팀장은 각 팀원들에게 개인 목표를 설정하도록 했고 목표 확정을 위한 회의를 이틀 후에 갖기로 했다. 다팀장은 회의를 준비하면서 그 동안 팀원들의 실적과 역량을 점검하고 개인별 활동방향에 대하여 고민하고 있다.

• 두 회사의 성과관리와 조직(직원)관리에 대한 차이를 찾아보자.
• 어떤 팀의 성과가 좋았을까?
어떤 방법의 성과관리가 팀워크와 영업성과를 높일 수 있었을까?

제8장에서는 직장생활 중 맡은 업무에 대한 성과 향상방안에 대해 학습한다. 직장인이라면 맡은 바 업무에 대한 성과를 내어야 하는데, 이에 대한 성과 향상요인을 알아보고 자신의 생산성 관리를 통해 업무수행 성과 행동전략과 롤모델과의 관계에 대해서 탐구한다.

01 업무수행 성과 관련 요인 분석

직장인들은 매일 반복되는 업무 속에서 성과를 높일 수 있는 방법을 찾기보다 매너리즘에 빠져서 생각 없이 업무를 처리하는 경우가 많다. 그러나 직장이 아닌 다른 장소에서 혹은 업무와 직접적으로 관련이 없는 특별한 능력을 키워서 자기개발을 하는 것도 중요하지만 직장인이라면 자신의 업무 장소에서 업무수행 성과를 높이는 것이 가장 중요한 자기개발이 될 것이다.

사례연구 1 임원이 갖추어야 할 필수 자질

1. 어떤 이가 임원직에 오르는 걸까. A그룹 인사 담당자에게 물었다. '임원에 오르려면 어떤 커리어를 쌓아야 하느냐'고. "특정 커리어를 쌓아야 한다거나 어느 분야가 유리하다는 것은 없다. 자신이 어떤 영역에 속해 있든 해당 분야에서 최고 수준의 성과를 지속적으로 내야 하는 것은 기본이다. 더불어 조직관리능력, 커뮤니케이션 능력, 리더십 등 리더로서의 역량과 입사 이후 수행해 온 업무 경험 등 다방면에서 뛰어난 평가를 받아야 임원에 오를 수 있다."고 하였다.
   잭 웰치 전 GE 최고경영자(CEO)는 '머리', '가슴', '용기'를 키워드 삼아 '사람'을 다뤘다. '머리'란 지적 능력, 기술이다. '용기'는 자신감, '가슴'은 이해심, 사려 깊음, 남들과 함께 일하고자 하는 자세, 자아를 제어하는 능력을 포함한다.
   웰치는 '머리'를 가진 사람은 쉽게 발견할 수 있고, 용기를 갖지 못한 이들은 시행착오를 거치면서 '용기'를 습득할 수 있다고 확신했으며, '가슴'을 가진 사람은 매우 드물지만 교육을 통해 양성할 수 있다고 여겼다.
2. 사장으로 가는 길은 좁다. 세계 최고 CEO 74명의 통찰과 깨달음에서 사장으로 가는 리더의 필수 자질은 열정적인 호기심, 역경을 통해 단련한 자신감, 팀워크(조직관리 능력), 실패를 두려워하지 않는 담대함, 철저한 준비와 인내를 꼽았다.

출처 : 사장실로 가는 길 서문, 주간동아 822호

업무수행 성과가 중요해지고 있다. 위 사례와 같이 여러분 회사의 임원이라고 할 때 각각 어떤 수행성과를 내고 있느냐는 그 회사 전체의 생산성에 막대한 영향을 끼치게 된다. 자신의 업무에서 성과를 높이기 위한 워크시트를 작성해 보자.

임원으로서의 필수 자질

〈나의 업무수행 성과 향상〉

내가 활용할 수 있는 자원들을 작성해보자.

업무성과를 위한 나의 장점과 능력요인들은?

상사/동료의 업무도움은 어떻게 받을 것인가?

업무수행 성과를 높이기 위한 전략은?

1. 업무수행 성과 요인

직장인은 자신의 직장에서 업무수행 성과를 높이는 것이 가장 중요한 자기개발이다. 직장인의 업무수행 성과에는 그림 8-1 과 같이 시간이나 물질과 같은 자원, 업무지침, 개인의 능력(지식이나 기술 포함), 상사 및 동료의 지원과 같은 요인이 영향을 미친다.

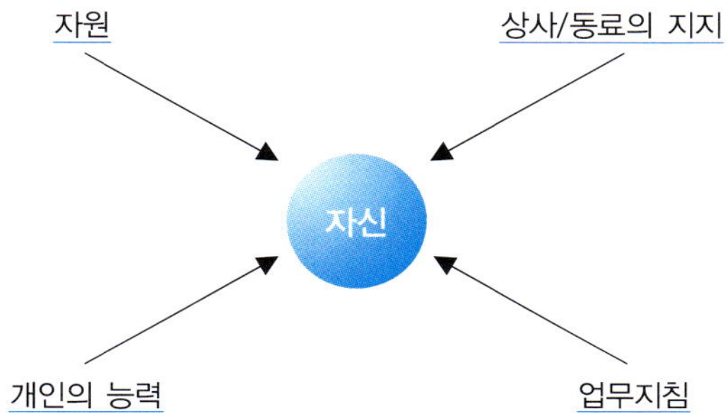

그림 8-1 직장인의 업무수행 성과 요인

2. 업무성과를 높이기 위한 방법

(1) 창의적인 사고능력과 실행능력

좋은 아이디어를 생산하려면 항상 업무에 대해 고민하고 동료들의 지원을 활용하여야 한다. 본사 근무자는 현장의 동료와, 현장 근무자는 본사 근무자의 이야기에 귀 기울일 필요가 있다. 그리고 아이디어에 대한 실행 가능성을 항상 염두에 두고 업무가 완성될 때까지 꼼꼼하게 관리하는 세부 실행능력이 동시에 필요하다.

(2) 풍부한 지식과 커뮤니케이션

업무성과를 높이기 위해서는 자신의 업무에 대한 전문성과 함께 풍부한 상식이 있어야 한다. 상식의 수준을 높이기 위해서는 다양한 서적을 보며 인터넷을 검색하고, 각기 다른 업종에 근무하는 사람들을 두루 만나는 간접 경험이 필요하다.

(3) 정체성과 유연성

직장생활은 자신만의 색깔이나 정체성은 반드시 중요하고 필요하다. 수많은 동료, 선·후배들과 차별화되지 않는다면 살아남기 힘든 것이다. 또한 자기만의 색깔을 드러내면 그것을 싫어하는 사람들이 존재하기 마련인데, 이에 대한 융통성과 유연성이 수반되어야 한다.

(4) 열정

어떤 업무를 맡더라도 열정이 있어야 한다. 열정이 없으면 관심도, 의욕도 없으므로 회사에서 원하는 수준의 업무성과를 달성하기 힘들다. 열정을 만드는 방법은 이 업무가 회사만을 위해 하는 것이 아니라 나와 가족과 내가 하고 싶어 하는 취미생활 등의 성취와 수준을 위해 일하는 것이라는 자기만족도 필요한 것이다.

(5) 겸손

회사는 근본적으로 이윤을 추구하는 곳이기 때문에 개개인이 적절한 성과를 내지 못하는 경우에는 직장생활을 원만하게 유지하기 힘들다. 자신이 주어진 목표에 대해 안정적인 성과를 냈다면 겸손이 필요하다. 자신의 성과만을 믿고 다른 사람들을 함부로 대하거나 조직의 팀워크를 저해하는 경우가 발생하면 개인의 성과는 인정받겠지만 회사로 볼 때는 시너지가 저하될 수 있다.

02 업무수행 성과 향상을 위한 행동전략

1. 자기자본이익률(ROE)을 높인다

최근 회사의 전략기획의 목적은 자기자본이익률(ROE)을 높이는 것이다. 자기자본이익률이란 경영자가 기업에 투자된 주주의 자본을 사용해 어느 정도 이익을 올리고 있는가를 나타내는 지표이며, 이는 기업의 당기순이익을 자기자본으로 나눠 구한다. 마찬가지로 개인의 업무수행에서도 자기자본 이익률을 높이기 위하여 자신의 생활을 전략적으로 기획하고 정한 시간 내에 목표를 달성하기 위하여 어떻게 하는 것이 가장 효과적인지를 고려하는 것이다.

자기자본이익(성과관리 역량) = 당기순이익(자기 자원) ÷ 자기자본(자기 능력)

2. 일을 미루지 않는다

성공한 사람들의 가장 중요한 자기 경영 습관 중 하나는 일을 미루지 않고 중요한 일을 먼저 처리하는 것이라고 한다. 일을 하나 둘 미루고 급하게 처리하다보면, 어느새 다른 일도 지속적으로 밀리게 되고, 일을 처리하는 데 있어서 최선을 다하지 못한다. 따라서 해야 될 일이 있다면 지금 바로 하는 습관을 들여야 한다.

3. 업무를 묶어서 처리한다

전문가들의 의견에 따르면 10개의 비슷한 업무를 한꺼번에 처리하면 첫 번째 일을 하는 데 드는 시간의 20% 정도밖에 걸리지 않을 정도로 효율적으로 일을 처리할 수 있다고 한다. 직업인들이 하는 일은 비슷한 속성을 가진 경우가 많다. 또한 한 번 움직일 때 여러 가지 일을 한 번에 처리해서, 다시 같은 곳을 반복해서 가지 않도록 경로를 단축시킨다.

4. 다른 사람과 다른 방식으로 일한다

다른 사람이 일하는 방식과 다른 방식으로 생각하다 보면, 의외로 다른 사람들이 발견하지 못한 더 좋은 해결책을 발견하는 경우가 있다. 일을 하는 순서를 반대로 해보거나, 다른 사람이 생각하는 순서를 거꾸로 생각해보고, 다른 사람이 하는 일에 '아니오' 라고 대답하고 일의 처리방법을 생각해보면 의외로 창의적인 방법을 발견할 수도 있으며 업무의 성과도 높일 수 있다.

5. 회사와 팀의 업무지침을 따른다

자신이 아무리 일을 열심히 한다고 하더라도 자신이 속한 회사나 팀의 업무지침을 지키지 않으면 업무수행능력을 인정받을 수 없다. 또한 회사의 팀의 업무지침은 변화하는 환경 속에서 그 일의 전문가들에 의해 확립된 것이므로 기본적으로 지켜야 할 것은 지키되 그 속에서 자신만의 일하는 방식을 발견해보자.

6. 역할 모델을 설정한다

직장에서 가장 일을 잘한다고 평가받는 사람을 찾아보자. 그리고 그 사람은 어떻게 일을 하는지, 어떠한 방식으로 보고하는지, 어떻게 말하는지 등을 주의 깊게 살펴보고 그 사람을 따라 하도록 노력해보자. 자신도 모르는 사이에 그 사람과 같이 업무수행 성과를 내고 있는 자신을 발견할 수 있을 것이다.

사례연구 2 **하루 16시간 남들 2배 일한 '독종' – 에드워드 권의 일에 대한 성과 높이기**

두바이 7성급 호텔로 이름난 '버즈 알 아랍'의 수석총괄주방장을 지낸 스타 셰프 에드워드 권은 한국인 권영민씨다. 2003년 요리사협회가 뽑은 '젊은 요리사 톱 10', 2005년 중국 텐진 쉐라톤 그랜드 호텔 총 주방장을 맡은 뒤 2006년부터 페어먼트 호텔에서 수석 주방장을 맡았다. 그는 세계 정상급 요리사로 우뚝 섰지만 한국에서 그의 인생은 좌절의 연속이었다. 권씨는 대학 입시에 실패하고 요리사로 진로를 정했다. 가톨릭 신자인 그는 신부가 꿈이었지만 집안의 반대로 얼떨결에 요리사의 길에 들어섰다.

권씨는 졸업할 때 서울 특급호텔인 리츠칼튼 호텔에 실습을 나갔다. 실습이 끝날 때쯤 돈을 안 받고 일하겠다고 했고, 두 달 동안 교통비만 받고 일을 계속 했다. 이후 호텔 주방장이 이를 좋게 보아 바로 그 호텔에 취직할 수 있었다.

그는 2000년 미국으로 가기를 희망했다. 더 큰 기회를 잡기 위해 미국행을 결심했다. 당시 한국 리츠칼튼 호텔의 주방장이 장 폴 씨였다. 그는 7성급 호텔로 이름 높은 버즈 알 아랍의 총주방장이었다. 그는 장 폴 씨의 추천과 영어 실력으로 미국행 티켓을 잡을 수 있었다. 미국에 갈 결심을 굳힌 뒤 영어공부에 모든 것을 걸었다. 새벽에 영어학원에 가서 두 시간씩 공부한 뒤 출근했고, 그날 배운 것은 그날 반드시 써 먹었다. 호텔 주방에는 외국인이 많아 영어회화 연습이 가능했던 것이다.

그는 신흥 휴양지로 떠오른 캘리포니아 하프문베이 절벽에 문을 연 리츠칼튼 호텔에서 본격적인 요리수업을 시작했다. "정해진 근무시간은 8시간이었지만 하루 16시간씩 일했습니다. 처음 식재료의 한계를 넘기 힘들었습니다. 치즈만 해도 150개가 되었습니다. 시간만 나면 슈퍼마켓에 가서 식재료들을 먹어 보았습니다. 당시 월급의 70%는 먹는 데 썼을 겁니다." 그런 권씨의 모습은 이 호텔 총 주방장인 저비에 살로몬 씨 눈에 띄었다. 그는 미국에서 5대째 셰프 가문이며 미국의 요리계에서 '빅5'에 해당하는 실력자였다.

그는 자신이 지금의 위치에 오른 비결을 밝혀 달라는 질문에 "남을 인정하는 것"이라고 답했다. 항상 배우려는 자세와 다른 사람의 뛰어남을 인정하고 그를 배우려고 노력했던 것이 자신의 발전을 가져온 것이다.

출처 : 머니투데이 기사

세계 최고의 셰프로 성공한 에드워드 권이 일하는 방식에 대해 생각해 보자.

❶ 에드워드 권이 활용한 자원들은 무엇이 있었는가?

❷ 어떤 방법이 자신의 요리성과를 높이고 최고의 자리에 서게 했는가?

❸ 내가 회사에 입사하여 직장생활을 한다면 주어진 업무에 대해 어떻게 하겠는가?

03 롤모델

사회생활을 하다보면 중요한 의사결정이나 자신의 거취문제에 대해서 심각하게 고민해야 할 순간이 찾아온다. 선택의 기로에서 혼자서 의사결정을 하는 것이 부담스럽고 어려울 때가 많다. 이럴 때 정말 필요한 것이 롤모델이다. 누구에게나 찾아오는 힘든 선택의 순간에 바람직한 방향으로 결론을 낼 수 있는 방법 중의 하나가 롤모델에게 도움을 받는 일이다.

1. 롤모델의 설정

직장생활을 하는 데 있어 항상 본받고 따라야 할 롤모델을 설정하는 것은 생각보다 중요한 일이다. 롤모델은 자신보다 너무 높거나 낮게 설정하는 것보다는 자신이 최선을 다해 능력을 발휘했을 때 닿을 듯 말 듯한 정도가 가장 이상적이다. 또한 자신이 처해 있는 직무와의 연관성을 고려하여 자신의 직무를 가장 잘 이해할 수 있는 롤모델을 찾는 것이 좋다. 자신이 처한 현실과 역할 모델 간의 거리가 가까울 때 조금만 더 노력하면 '나도 저렇게 될 수 있을 거야'라는 현실적인 목표를 설정할 수 있으며, 필요할 때는 직접 만나서 무언가를 구체적으로 상의하거나 조언을 구할 수 있는 실질적인 롤모델이 될 수 있다.

2. 롤모델과의 관계 유지

자신에게 적합한 롤모델로 떠오르는 사람이 있다면 먼저 연락하고 찾아가서 자신의 멘토로 만들어야 한다. 가만히 있는데, "내가 너의 롤모델이나 멘토가 되어줄게" 하고 찾아오는 경우는 거의 없다.

롤모델도 사람이기에 자신이 필요할 때만 찾아가서 도움을 구한다면 그 관계가 오래 지속되기 힘들다. 평소 교감이나 상호작용이 있어야 하며, 후배로서 이끌어 줄 가치가 있다고 생각하게끔 하는 것이 중요하다. 롤모델이 나를 인정할 수 있도록 끊임없이 노력하는 모습을 보여 주고, 존경하는 마음으로 대해야 한다.

3. 롤모델의 역할

우리는 흔히 롤모델이 나에게 조언을 해준다고 하면 무언가 뚜렷한 해답을 제공할 것이라는 생각을 가지고 있다. 그러나 상대에게 조언을 구하고 여러 가지 얘기를 나누는 과정에서 혼자만의 생각으로 최선의 해답이라고 생각했던 것들이 최선이 아닐 수 있으며, 또 다른 대안을 기회로 얻을 수 있다. 자신이 가지고 있는 한정된 지식이나 경험의 폭으로 의사결정을 하는 것보다는 새로운 시각으로 방향을 전환할 수 있게 해주는 것만으로도 롤모델의 존재 이유는 충분하다.

사례연구 3 **대한민국 청춘의 성공 롤모델 – 꿈을 전파하는 '골든 벨 소녀' 김수영**

1999년 실업고 출신으로는 처음으로 '도전 골든벨'에서 골든벨을 울려 화제가 된 김수영 씨가 '꿈의 전도사'로 나섰다. 글로벌기업 로열더치쉘의 영국지사에서 총괄매니저로 근무하고 있는 그녀는 해외 취업을 모색하고 있는 젊은이들 사이에선 이미 유명인이다. 블로그에 해외취업 성공기를 올린 것을 계기로 많은 젊은이들의 해외취업의 멘토를 해주고 있다.
"하루 800여 명이 제 블로그를 방문합니다. 요즘은 너무 바빠서 답장을 못하고 있는데, 가장 많이 받는 질문이 '토종 한국인도 가능한가?', '학벌이 좋지 않은데 가능한가?' 등이에요. 그런데 도전해 보지도 않고 포기하는 분들이 많아요. 저 역시 국내는 물론 해외에서도 수없이 떨어졌지만 다시 부딪치면서 하나씩 이뤄가고 있는 걸요?"
김씨의 삶은 많은 이들에게 용기를 준다. '가출소녀'로 불우한 시절을 보내다 자신의 꿈을 발견하면서 180도 다른 삶을 살게 됐기 때문이다. 그녀는 중학교 시절 막노동하던 아버지가 술에 의지하면서 가정을 소홀히 하자 방황하기 시작했다. 엄마는 생계를 잇느라 허덕였고, 집과 학교에 마음을 두지 못한 소녀는 문제아가 됐다. 그러나 자신의 꿈을 위해 자기와의 싸움에서 진학을 결정한 그녀는 중학과정을 검정고시로 합격하고 여수정보과학고에 진학한 뒤 달라졌다.

그녀는 자기와의 싸움 끝에 연세대학교 영문과에 진학했다. 졸업 후에는 남들이 부러워하는 골드만삭스에 입사했다. 그러나 기쁨도 잠시 청천벽력과도 같은 암 진단을 받았다.

"이렇게 열심히 살아왔는데, 왜 하필 나에게 이런 일이 생겼을까 싶어 억울했어요." 그녀는 죽음의 문턱에서 73가지의 버킷리스트를 써 보았다. 해외에서 커리어 쌓기, 고향에 부모님 집 사드리기, 마라톤 완주하기, 타임지 올해의 인물에 오르기, 자선재단 세우기 등등. 암 수술을 마친 후 자신이 써 내려간 꿈들을 완성하기 위해 2005년 영국으로 떠났고 수십 번의 도전 끝에 지금의 직장을 얻었다. 33번째 꿈인 '오프라 윈프리 쇼'에 출연했던 그녀는 "절망적인 청소년 시절, 모두가 나를 보며 참담한 인생을 살게 될 거라고 생각했지만 나는 내가 젊다는 이유 하나만으로도 나도 괜찮은 미래를 가질 수 있다는 생각을 하였다"고 말했다.

그녀는 "어렵고 힘든 삶을 살아오면서 항상 진로의 기로에서 올바른 결정을 할 수 있었던 것은 나 자신의 꿈과 자신을 믿었기 때문이었다"고 자신 있게 말했다.

출처 : 경향신문 기사

---

❶ 어려운 환경에서도 꿈을 향해 성공한 그녀가 젊은이들의 롤모델이 되었던 것은 왜, 무엇 때문일까?

❷ 김수영씨가 가졌던 성품과 자질은 무엇이었을까?

❸ 나도 동료나 후배들의 롤모델이 될 수 있는 나의 장점과 자질은 어떤 것이 있는가?

학습평가

01 **다음은 업무수행 성과를 높이기 위한 행동전략과 관계된 설명이다. 무엇에 대한 설명인지 괄호 안을 채우시오.**

> (　　　　　　)은 당기순이익을 자기자본으로 나누어 구하는 것으로, 개인의 업무수행에서도 이를 높이기 위하여 자신의 생활을 전략적으로 기획하고 정해진 목표를 달성하기 위한 가장 효과적인 방법을 찾는다.

02 **다음 중 업무수행 성과 향상을 위한 행동전략이 <u>아닌</u> 것은 무엇인가?**

① 일을 미루지 않는다.

② 업무를 묶어서 처리한다.

③ 역할모델을 설정한다.

④ 다른 사람과 같은 방법으로 처리한다.

03 **다음 중 맞으면 ○, 틀리면 ×로 표시하시오.**

① 직장인은 직장에서 업무수행 성과를 높이는 것이 가장 중요한 자기개발이다. (　)

② 직장생활은 자신만의 색깔이나 정체성보다는 동료들과 일체감이 필요하다. (　)

04 다음 중 업무성과를 높이기 위한 내용으로 맞는 것을 연결하시오.

① 창의적인 사고능력 A. 자신만의 색깔
② 정체성과 유연성 B. 좋은 아이디어
③ 열정 C. 자기만족과 가족의 성취

05 직장인의 업무수행에 영향을 미치는 4가지 요소를 기술하시오.

학습 내용 요약

1. 직장인은 직장이 아닌 다른 장소에서 혹은 업무와 직접적으로 관련이 없는 특별한 능력을 키워서 자기개발을 하는 것도 중요하지만 자신의 업무 장소에서 업무수행 성과를 높이는 것이 가장 중요한 자기개발이다.
2. 직장인의 업무수행 성과에는 시간이나 물질과 같은 자원, 업무지침, 개인의 능력(지식이나 기술 포함), 상사 및 동료의 지원과 같은 요인이 영향을 미친다.
3. 업무성과를 높이기 위한 방법으로는 창의적인 사고능력과 실행능력, 풍부한 지식과 커뮤니케이션, 정체성과 유연성, 열정, 겸손이 있다.
4. 업무수행 성과 향상을 위한 행동전략은 다음과 같다.
   (1) 자기자본이익률(ROE)을 높인다.

   자기자본이익(성과관리 역량) = 당기순이익(자기 자원) ÷ 자기자본(자기 능력)

   (2) 일을 미루지 않는다.
   (3) 업무를 묶어서 처리한다.
   (4) 다른 사람과 다른 방식으로 일한다.
   (5) 회사와 팀의 업무지침을 따른다.
   (6) 역할 모델을 설정한다.
5. 사회생활을 하다보면 중요한 의사결정이나 자신의 거취문제에 대해서 심각하게 고민해야 할 순간에 바람직한 방향으로 결론을 내거나 변경할 수 있는 방법의 하나로 롤모델에게 도움을 받는 일이다.

Chapter

09

합리적 의사결정

Contents

1. 합리적 의사결정의 정의와 중요성
2. 합리적 의사결정의 과정
3. 직장에서 Yes와 No

학습목표

1. 합리적인 의사결정을 설명할 수 있다.
2. 합리적인 의사결정과정을 설명할 수 있다.
3. 합리적인 의사결정의 특징을 설명할 수 있다.
4. 합리적인 의사결정을 할 수 있다.
5. 거절의 기술을 설명할 수 있다.

주요 용어

합리적 의사결정	합리적 의사결정과정	합리적 의사결정의 특징
의사결정 오류	거절의 의사결정	거절의 기술

미리보기

폴 포츠 우승 감동 – 심사위원 사이먼 코웰의 의사결정 변화

폴 포츠라는 남자가 있다. 나이는 36살. 영국 웨일스의 한 도시에서 휴대전화 외판원을 하고 있다. 외모는 미남과 거리가 멀다. 소위 말하는 비호감형이다. 표정에서는 자신감 한곳 찾아보기 힘들다. 치열이 고르지 못한 탓인지 주섬주섬 말하는 것처럼 보인다. 배는 불룩하게 튀어나왔고, 낡은 양복 차림새는 더 허름하게 보이며, 자세는 긴장한 듯 경직되어 있다.

폴 포츠가 2007년 7월 영국 '브리튼스 갓 탤런트' 프로그램 예선 무대에 섰을 때의 모습이다. 브리튼스 갓 탤런트는 노래 실력을 겨뤄 일반인을 일약 스타로 만드는 프로그램이다. 더욱이 아메리칸 아이돌에서 독설과 혹평으로 참가자의 눈물을 쏙 빼는 것으로 유명한 사이먼 코웰이 심사위원 중 한 명이다.

이날 폴 포츠가 수수한 양복차림으로 무대 중앙에 서자 사이먼은 곱지 않은 시선을 보냈다. 여성 심사위원인 아만다 홀덴이 포츠에게 물었다. "무슨 노래를 준비해 오셨나요?" 포츠는 "오페라를 부르려고요." 짧게 답했다. 사이먼은 어이가 없다는 표정으로 팔짱을 낀 채 노래를 불러보라고 했다.

포츠가 준비한 곡은 푸치니의 오페라 '투란도트'에 나오는 아리아 '공주는 잠 못 이루고(nessun dorma)'였다. 포츠가 노래를 부르자 심사위원들의 표정이 바뀌기 시작했다. 사이먼은 자세를 고쳐 앉았고 관객들의 눈은 휘둥그레졌다. 노래 몇 소절이 끝나자 관객들의 박수가 터져 나오기 시작했다. 여성 심사위원 홀덴은 놀라움을 금치 못했다.

곡의 마지막 하이라이트 부분에서 포츠가 안정적인 바이브레이션으로 고음을 내뿜자 관객들은 자리에서 일어나 기립박수를 보냈다. 사이먼은 "보석 같은 당신"이라고 찬사를 보냈고, 홀덴은 "소름이 끼쳤다"고 놀라워했다.

포츠는 어릴 적부터 어눌한 말투와 외모 때문에 '왕따'를 당하면서 자랐다. 오페라를 향한 꿈을 포기할 수 없어 28살 때부터 어렵게 모은 돈으로 이탈리아의 오페라 학교를 다녔다. 오페라 가수를 꿈꿨지만 충수 파열, 부신 종양 등의 병으로 수술대에 올랐고 2003년 오토바이 사고를 당해 쇄골까지 부서졌다. 포츠는 오페라의 꿈을 접고 휴대전화 외판원이 됐지만 포기할 수 없는 자신만의 꿈에 도전했고 경연대회에서 우승해 인정을 받았다.

유튜브에서 포츠의 예선무대 동영상은 500만 회를 넘는 조회 수를 기록했고, 폴 포츠는 현재 세계적인 스타가 되어 전 세계를 돌며 오페라 가수로서 열정적으로 활동하고 있다.

출처 : 국민일보 기사

• 폴 포츠를 처음 본 심사위원들의 의사결정에 어떠한 요소들이 영향을 끼쳤는가?
• 폴 포츠의 노래를 듣고 심사위원들의 의사결정 변화에 영향을 끼친 요소들은 무엇인가?

제9장에서는 직장생활 중 발생하는 의사결정과정에서의 갈등과 거절방법에 대해 알아본다. 직장생활에서 빈번히 겪어야 할 의사결정과정에서의 단계와 특징을 이해하여 합리적인 의사결정을 할 수 있도록 탐구한다.

01 합리적 의사결정의 정의와 중요성

현명한 결정이나 판단은 조직의 리더나 정책 결정 시에만 내려야 되는 것은 아니다. 사람은 누구나 직장생활이나 개인생활에서 수많은 '선택'의 순간을 맞이하고, 의사결정을 내려야 될 때가 있다. 직장생활에서는 두 가지 이상의 업무가 중복되어 우선순위를 정해야 될 때나, 이직을 결심하거나, 다른 사람이 무리한 요구를 할 때 거절의 의사표시를 하는 등의 경우가 있다. 또한 일과 생활의 균형(work-Life Balance) 문제가 화두가 되고 있는 요즈음에는 이 둘 간의 균형을 유지하기 위한 의사결정을 해야 될 경우가 증가하고 있다.

어떠한 의사결정을 내렸느냐에 따라서 작게는 개인의 일시적인 시간낭비나 재정지출이 있을 수도 있지만 크게는 인생 경로가 바뀌게 되며, 조직 전체의 운명이 좌우되기도 한다. 따라서 합리적인 의사결정과정을 통해 문제의 본질을 파악하고 최적의 대안을 선정할 필요가 있다.

사례연구1 벤자민 프랭클린의 의사결정방법

유명한 과학자 조지프 프리스틸리는 두 가지 대안을 놓고 고민하던 끝에 미국 건국의 아버지이자 가장 지혜롭다는 벤자민 프랭클린에게 의사결정에 대한 도움을 청했다. 얼마 뒤, 프랭클린으로부터 편지가 왔다. 내용은 대략 이러했다.

"사람은 종종 어려운 결정을 내려야 하는 순간에 직면하곤 하지. 그 문제를 심사숙고하는 동안에는 대부분 칭찬과 반대에 대한 이유가 한꺼번에 머릿속에 떠오르지 않아 문제해결이 더욱 어려운 것 같네. 이런 복잡한 문제를 해결해야 할 때 나는 종이 한 장을 가져다 가운데 줄을 그어 반으로 나눈 다음 한쪽 칸에는 찬성을, 다른 한쪽 칸에는 반대를 적은 뒤 며칠 동안 고민하면서 그때마다 떠오르는 생각을 각각의 난에 기록한다네. 이런 식으로 찬성과 반대의 이유를 한 곳에 적어놓고 각각의 이유에 대한 중요성을 평가해본다네. 그리고 찬반 양쪽에 메모되어 있는 생각이 동일하다고 판단되면 두 가지 생각을 제외시켜 버리지. 찬성 쪽에 쓴 한 가지 이유가 반대 쪽에 쓴 두 가지 이유와 동일하다고 판단될 때는 세 가지 모두 지운다네.

마찬가지로 반대 쪽에 쓴 두 가지 이유가 찬성 쪽에 쓴 세 가지 이유와 동일하다고 판단되면 다섯 가지를 모두 지운다네. 이 과정을 반복하다 보면 결국 찬성과 반대 의견이 어느 쪽으로 기우는지 분명히 드러나게 된다네. 아무쪼록 가장 좋은 의사결정을 내리길 바라네. 벤자민 프랭클린으로부터"

출처 : 피커 드러커 의사결정의 순간

벤자민 프랭클린의 의사결정방식에 대해 생각해 보자.

❶ 위의 의사결정에 필요한 자원들은 무엇이 있는가?

❷ 위와 같은 방식의 의사결정은 어떤 장점과 유용함이 있겠는가?

❸ 지금의 시대에도 이러한 의사결정방법이 가능한가?

02 합리적 의사결정의 과정

직장인이라면 누구나 문제에 직면하게 되고 또 해결책을 찾아야 함은 두말할 나위 없는 사실이다. 따라서 문제해결능력은 직장인이면 누구나 갖추어야 할 기본 소양이라 할 수 있다. 특히, 해결방안에 대한 목표를 정하여 몇 가지 대안을 찾아보고 가장 실행 가능한 최상의 방법을 선택하는 합리적인 의사결정은 매우 중요한 직장인의 역량인 것이다.

1. 합리적 의사결정과정

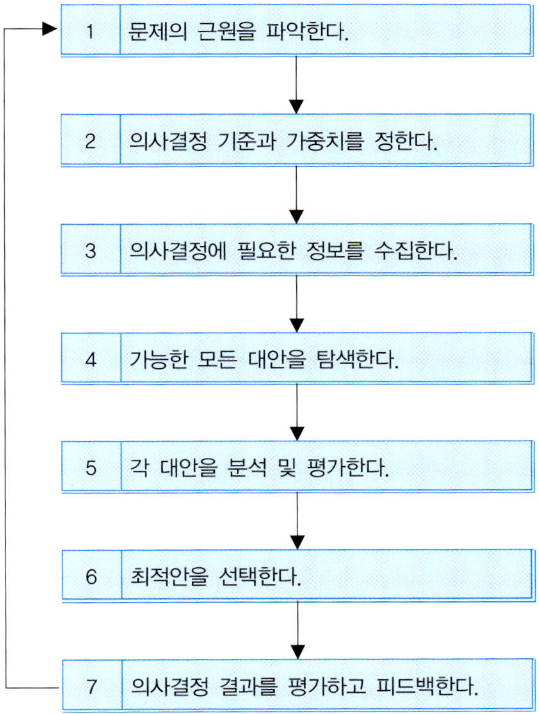

그림 9-1 합리적 의사결정과정

- 의사결정에 앞서서 발생된 문제가 어떤 원인에 의한 것인지, 문제의 특성이나 유형은 무엇인지를 파악한다.
- 의사결정의 기준과 가중치를 정한다. 이 단계에서는 개인의 관심, 가치, 목표 및 선호에 따라 의사결정을 할 때에 무엇을 중요하게 생각하고 중요한지가 결정된다. 즉, 사람에 따라 어떤 사람은 매우 적절하다고 생각하는 기준이나 가치가 다른 사람에게는 그렇지 않을 수 있다. 사람에 따라서는 일하는 방식이나 생활방식이 맞지 않는 경우도 있다.
- 의사결정에 필요한 정보를 수집한다. 의사결정을 하기 위해서는 판단의 자료가 필요하다. 그러나 이러한 자료를 너무 많이 수집할 경우에는 시간이나 비용의 소모가 크며, 너무 적게 수집하면 다각도로 검토할 수가 없으므로 적절

히 수집할 필요가 있다.

- 의사결정을 하기 위한 가능한 모든 대안을 찾는다.
- 가능한 대안들을 앞서 수집한 자료에 기초하여 의사결정 기준에 따라 장・단점을 분석하고 평가한다.
- 가장 최적의 안을 선택하거나 결정한다.
- 의사결정을 내리면 결과를 분석하고 다음에 더 좋은 의사결정을 내리기 위하여 피드백한다. 합리적인 의사결정을 하려면 의사결정자는 자기 탐색의 과정을 거쳐서 의사결정 기준을 세울 필요가 있으며, 가능한 모든 평가기준과 대안들을 찾을 수 있어야 하고, 다른 문제 상황을 발생시키지 않는 별다른 어려움 없이 정보를 얻을 수 있어야 하며, 각 대안들을 객관적이고 정확하게 평가할 수 있어야 한다.

2. 합리적 의사결정의 특징

사람들마다 의사결정의 순간에 각기 다른 성향과 특징을 나타내게 된다. 의사결정의 유형별 특징을 통해 직장생활과 사회생활에서 지혜롭고 신중한 자기관리를 할 수 있다.

표 9-1 의사결정유형별 특징

유형	유형별 주요 특징
합리적 유형	의사결정을 전체적이고 종합적인 시각에서 볼 수 있다. 자신의 상황에 대한 정확한 정보를 수집하고 논리적으로 결정을 내리며 그 결정에 대해 책임을 진다. ① 의사결정이 신중하고 합리적이다. ② 심리적 독립과 성장에 도움이 된다. ③ 잘못되거나 실패할 확률이 낮다. ④ 의사결정에 시간이 걸린다.
직관적 유형	미래를 별로 고려하지 않고 현재의 감정에 주의를 기울인다. 정보탐색이나 논리적인 평가 없이 상상과 정서적 자각에 기초해서 결정을 내리지만 그 결정에 대해서는 책임을 진다. ① 의사결정이 즉흥적이고 감정적이다. ② 스스로의 선택에 책임을 진다. ③ 잘못되거나 실패할 확률이 높다. ④ 의사결정이 신속하고 빠르다.

유형	유형별 주요 특징
의존적 유형	사회적 안정에 대한 욕구가 강하고 의사결정상황이 여러 가지에 제한받는다고 생각한다. 의사결정과정에서 타인에 의한 영향을 많이 받고 결정에 대한 책임을 부정한다. ① 의사결정이 수동적이고 순종적이다. ② 개인적 독립이나 성숙을 방해한다. ③ 실패했을 땐 남의 탓을 한다. ④ 결정을 내릴 때 정서적으로 불안을 느낀다.

3. 합리적 의사결정을 위한 질문법

표 9-2 5W 1H 질문법

5W 1H	질문 형태	체크 포인트
Why	왜 하는가? (목적)	그것을 중지할 수 없는가? 일부를 변경하면 어떨까?
When	언제 할 것인가? (시기, 시간)	시기를 바꿀 수 없는가? 동시에 할 수 없는가?
Who	누가 하는가? (사람, 부서)	사람을 바꿀 수 없는가? 그 사람이 추가로 담당하면 어떨까?
Where	어디서 할 것인가? (장소)	장소를 바꿀 수 없는가? 같은 자리에서 할 수 없는가?
What	무엇을 할 것인가? (대상)	그것이 아니면 안 되는가? 모양을 변경할 수 없는가?
How	어떻게 하는가? (방법)	다른 방법은 없는가? 더 축소(연장)할 수 없는가?

4. 일반적 의사결정의 오류

(1) 권위나 직급에 의한 오류

권위 있는 전문가나 직장 상사의 말을 따르는 것이 모두 옳지는 않다.

(2) 관계의 오류

상대의 호의나 친분관계로 인한 부담으로 인해 요구를 거절하지 못하는 경우가 있다.

(3) 사회적 증거의 오류

베스트셀러를 사는 것처럼 많은 사람들이 하는 것을 무의식적으로 따라 간다.

(4) 호감의 오류

자신에게 호감을 주는 상대의 권유에 무의식적으로 따라가거나 동조한다.

(5) 희귀성의 오류

'얼마 남지 않았습니다', '이번이 마지막 기회입니다'라는 유혹에 꼭 필요하지 않은 것임에도 결정하는 경우가 있다.

03 직장에서 Yes와 No

직장에서의 'No'를 분명하게 결정하고 이를 표현하는 것은 쉬운 일이 아니다. 사람들은 자신이 거절을 하게 되었을 때, 다른 사람들이 자신을 능력이 없다고 보거나 예의가 없다고 보지는 않을까, 다른 사람과의 관계가 깨지지 않을까 하는 등의 고민으로 거절의 의사결정을 주저한다.

1. 거절의 의사결정과 거절하기

직장에서는 어떤 제의나 제안에 대해 'NO'를 할 경우 직장생활에 지장을 주지는 않을까 두렵기까지 하다. 따라서 거절의 의사결정에는 이 일을 거절함으로써 발생될 문제들과 자신이 거절하지 못해서 그 일을 수락했을 때의 기회비용을 따져보고, 거절하기로 결정하였다면 이를 추진할 수 있는 의지가 필요하다. 거절의 의사결정을 하고 이를 표현하기 위해서는 다음 사항에 유의하여야 한다.

- 상대방의 말을 들을 때에는 주의하여 귀를 기울여서 문제의 본질을 파악한다.
- 거절의 의사결정은 빠를수록 좋다. 오래 지체될수록 상대방은 긍정의 대답을 기대하게 되고, 의사결정자는 거절을 하기 더욱 어려워진다.
- 거절을 할 때에는 분명한 이유를 만들어야 한다.
- 대안을 함께 제시하며 양해를 구한다.

사례연구 2 거절의 결정 – Yes or No?

소규모 제조회사의 생산관리 팀장인 어떡해 씨는 오늘 사장으로부터 한 가지 놀라운 제의를 받았다. 소규모 제조회사연합회에 이사 자리를 맡지 않겠냐는 것이었다. 어팀장은 자신에게 그렇게 중요한 자리를 왜 맡기는지와 실제로 무슨 일을 해야 하는 자리인지를 물었고, 사장은 이렇게 대답했다.

"뭐, 어팀장 정도면 충분히 할 수 있는 일이에요. 실제로 아무 일도 할 필요 없이 사무실을 지켜주기만 하면 돼요." 어팀장은 좀 의문이 들기는 했지만, 자신의 회사 사장이 부탁하는 일이라 거절하기가 어려워 그 자리에 대하여 정확히 알아보지 않고 선뜻 YES라는 결정을 내렸다.

며칠이 지나고 제조회사 연합회 회장이 어팀장을 부르더니 협회 간부회의가 있다는 얘기를 하였다. 어팀장은 다른 일도 있어서 시간을 내기 어려웠고, 간부회의가 있다고 하니 뭔가 새로운 일을 해야 될 것 같았지만, 이사 자리를 맡았기 때문에 어쩔 수 없이 나가게 되었다.

그런데 간부회의에 참석한 어팀장은 자신이 제조회사 연합회에 소속된 회사 간부모임을 주최하고, 제조회사 연합회의 홍보활동을 담당하고, 신입회원사를 모집하는 등 많은 책임을 가지고 있다는 것을 알게 되었다.

결국 어팀장은 후회하며, 그제야 자신이 맡은 역할과 그에 따라 앞으로 일어날 일에 대해 걱정이 들었고 손익관계를 따져보기 시작했다.

사례에서 어팀장이 내린 결정에 대하여 다음을 생각해보자.

❶ 어팀장이 잘못된 결정을 내린 이유는 무엇일까?

❷ 어팀장이 사장의 제의를 거절하지 못한 이유는 무엇인가?

❸ 여러분이 어팀장이라면 어떤 대안을 제시할 수 있는가?

2. 거절의 기술

우리나라 사람들 중에 대부분은 "내가 이걸 거절하면 상대방이 나를 싫어할 거야." 등의 사고방식을 가지고 있는 사람들이 많은데, 이유는 우리나라 사람들의 대부분이 '착한 사람'이 되도록, '순종'하도록 교육을 받아왔기 때문이다. 그러므로 거절에도 기술이 필요하며, 특히 매일 얼굴을 마주하는 직장에서는 상대방을 배려하는 거절의 기술이 필요하다.

(1) 시간의 거절 – 생각할 시간을 주세요

그 자리에서 거절해야 하는 것이 명백한 순간에도, 한두 시간 정도 생각해 본 후에 거절하라. 같은 거절이라도 잠시 뜸을 들여 고민하는 모습을 보여라. 이 편이 그 자리에서 당장 거절하는 것보다 상대의 반발을 덜 사게 된다.

(2) 인정 후 거절 – 정말 좋은 제안이군요

일단 상대방의 제안을 경청하고 인정해 줘라. 그 다음 다른 일 때문에 바빠서 제안을 수락할 수 없다며 거절하라. 다른 일이 어떤 일인지는 굳이 설명하지 않아도 된다. 부탁보다는 제안을 거절할 때 사용하는 방법이다.

(3) 감사 후 거절 – 저를 찾아주셔서 감사합니다

부탁 혹은 제휴나 영업이든 그 대상이 된 것은 당신이 나름대로 괜찮다는 증거다. 당신을 찾아와 준 것에 먼저 고마움을 분명하게 표시한 뒤, 부탁을 들어줄 수 없는 이유를 설명하라. 이 방법은 상대의 자존심을 상하지 않게 할 수 있다.

(4) 원칙의 제시 – 원칙적으로 저는 그런 일을 하지 않아요

'자네 사정은 알겠다만, 난 동료 사이에는 돈을 꿔주지 않는 것을 원칙으로 삼고 있네.' 일정한 자신의 확고한 기준이 거절의 이유라면 상대방의 반발을 덜 사게 되고 개인적인 이유로 거절하는 것보다 더 잘 받아들여진다.

(5) 공감 거절 – 정말 안 됐네요

상대방은 꽤나 오랜 고민 끝에서야 당신에게 부탁을 하고 있는 것일 수 있다. 들어주기 어려운 부탁이더라도, 거절에 앞서 그 사람의 이야기를 들어주고 처지를 공감해 주어라. 상대방은 거절을 당하면서도 당신에게 고마워할 것이다.

학습평가

01 다음은 합리적인 의사결정과정에 대한 그림이다. 다음 중 2단계와 4단계에서 이루어져야 될 활동을 작성해보시오.

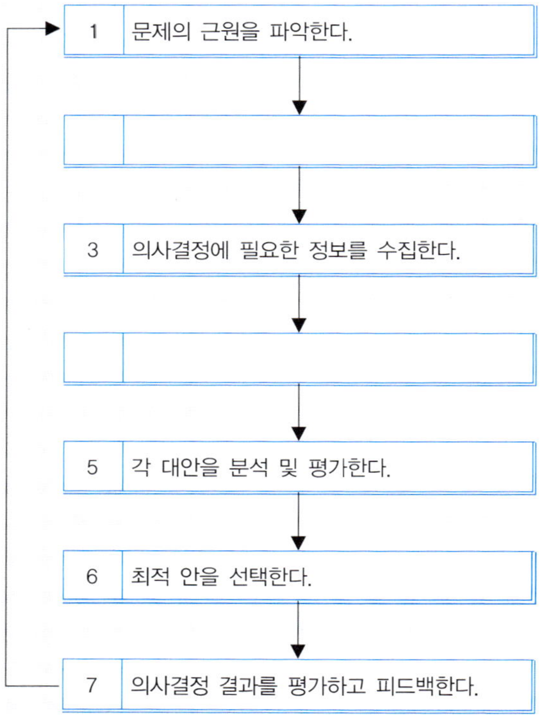

02 다음 중 거절의 의사결정 시 유의사항이 아닌 것은?

① 귀를 기울여서 문제의 본질을 파악한다.

② 거절의 의사결정은 신중히 늦게 할수록 좋다.

③ 거절을 할 때에는 분명한 이유를 만들어야 한다.

④ 대안을 함께 제시하며 양해를 구한다.

03 거절의 기술에 대해 설명하였다. 맞으면 ○, 틀리면 ×로 표시하시오.

① 일단 상대방의 제안을 경청하고 인정해 주는 것은 인정 후 거절이다. (　)

② 자신의 확고한 기준의 거절은 원칙의 제시이다. (　)

③ 잠시 뜸을 들여 고민하는 모습은 시간의 거절이다. (　)

04 의사결정유형별 특징에 대한 설명을 올바르게 연결하시오.

① 합리적 유형	A. 의사결정이 즉흥적이고 감정적이다.
② 직관적 유형	B. 의사결정이 수동적이고 순종적이다.
③ 의존적 유형	C. 의사결정이 신중하고 합리적이다.

05 합리적 의사결정의 특징을 쓰고 설명하시오.

학습 내용 요약

1. 현명한 결정이나 판단은 조직의 리더나 정책 결정 시에만 내려야 되는 것은 아니다. 사람은 누구나 직장생활이나 개인생활에서 수많은 '선택'의 순간을 맞이하고, 의사결정을 내려야 될 때가 있다.
2. 합리적인 의사결정이란 자신의 목표를 정하여 몇 가지 대안을 찾아보고 가장 실행 가능한 최상의 방법을 선택하여 행동하는 것이다.
3. 합리적 의사결정의 특징은 다음과 같다.
   ① 의사결정이 신중하고 합리적이다.
   ② 심리적 독립과 성장에 도움이 된다.
   ③ 잘못되거나 실패할 확률이 낮다.
   ④ 의사결정에 시간이 걸린다.
4. 직장인은 직장생활에서 의사결정을 내려야 할 많은 선택의 순간들이 있으며, 합리적인 의사결정과정을 통해서 최상의 대안을 선택해야 한다. 합리적인 의사결정과정은 문제의 근원을 파악하고, 의사결정 기준과 가중치를 정하며, 의사결정에 필요한 정보를 수집하고, 가능한 모든 대안을 탐색하여 각 대안을 분석하고 평가하며, 최적의 안을 선택하여 의사결정과정을 평가하고 피드백하는 단계를 통해 이루어진다.
5. 거절의 의사결정에는 이 일을 거절함으로써 발생될 문제들과 자신이 거절하지 못해서 그 일을 수락했을 때의 기회비용을 따져보고, 거절하기로 결정하였다면 이를 추진할 수 있는 의지가 필요하다.

Memo

PART 4

경력개발능력

- Chapter 10 경력개발
- Chapter 11 경력개발 계획 수립
- Chapter 12 경력개발 관련 이슈 탐색

Chapter

10

경력개발

Contents

1. 경력개발의 의미와 필요성
2. 경력개발의 단계
3. 나의 경력단계 점검하기

학습목표

1. 경력개발의 의미와 중요성을 설명할 수 있다.
2. 생애주기에 따른 경력개발단계를 설명할 수 있다.
3. 나의 경력단계 점검을 통해 계획을 수립할 수 있다.

주요 용어

경력	경력개발	생애주기
경력개발단계	경력개발전략	

미리보기

올 초 다보스포럼에서 향후 5년 내 일자리가 700만 개 줄어들고 제4차 산업혁명 과정에서 200만 개가 새로 등장해 결과적으로 500만 개의 일자리가 없어진다고 예견한 것이 현실화되고 있다. 컴퓨터가 인간의 일을 계속 대체하고 공장에서는 산업용 로봇이 확대되면서 화이트칼라・블루칼라 할 것 없이 일자리가 계속 줄어들고 있다… ≪사례 미리준비하면 기회는 얼마든지 있다≫ 중에서…

최근 우리나라에서도 이력과 경력을 중시하는 풍토가 자리 잡고 있다. 이력과 경력의 관리가 되어야 승진과 성장에서 유리하기 때문이다. 젊은 시절부터 경력 관리에 신경 쓰지 않으면, 승진도 발전도 어렵게 될 것이고, 뒷날 고위직에 진출하는 것은 더욱 힘들 것이다. 경력과 이력의 관리를 현명하게 어려서부터 준비해야 하는 시대가 되었다. 개인은 직무가 변화되는 외부적인 상황의 변화나 개인의 기대나 목표가 변화되는 주관적 인식의 변화에 따라 자신의 경력을 개발할 수 있다. 외부적 상황의 변화와 주관적 인식의 변화가 서로 상호작용하는 가운데 경력개발은 추구되기도 한다. 따라서 경력개발은 개인이 경력목표와 전략을 수립하고 실행하며 피드백하는 과정으로, 개인은 한 조직의 구성원으로서 조직과 함께 상호작용하며 자신의 경력을 개발해나간다.

제10장에서는 경력개발능력의 의미와 중요성에 대해 학습하고, 자신의 생애 주기에 따른 자신의 경력개발단계를 인식한다. 이어서 나의 경력단계를 점검하며 자신의 경력개발 계획의 기틀을 공고히 한다.

01 경력개발의 의미와 필요성

1. 경력개발의 의미

경력이란 한 개인이 일생에 걸쳐 일과 관련하여 얻게 되는 경험을 뜻한다. 경력개발은 한 개인이 일생에 걸쳐 일과 관련하여 얻게 되는 경험을 통해 직무 관련 태도, 능력, 성과를 향상시켜 나가는 과정을 의미한다.

경력개발능력이란 자신의 진로에 대하여 단계적 목표를 설정하고 목표성취에 필요한 역량을 개발해 나가는 능력이다. 우리는 일을 하며 직업을 가지고 살아가며, 이를 통해 자아를 실현하게 된다. 그러나 모든 사람이 같은 직업을 가지고 있지 않으며, 그 직업이나 직무 혹은 그에 해당하는 직위를 평생 유지하지도 않고 각기 다른 경로로 살아간다. 이렇듯 모든 사람들이 각자 나름대로 살아가는 인생행로를 진로라고 할 수 있다. 한 개인의 삶이 곧 진로이며, 우리의 삶이 일과 밀접한 관련이 있기 때문에 진로는 일과 관련된 인생행로라고도 할 수 있다. 이처럼 우리는 일생에 걸쳐서 지속적으로 일과 관련된 경험을 하고 있으며 이를 경력이라고 한다. 경력은 일과 관련된 경험은 직위, 직무와 관련된 역할이나 활동뿐만 아니라 여기에 영향을 주고받는 환경적 요소도 포함한다. 또한 경력은 전문적인 일이나 특정 직업에만 한정된 개념은 아니며, 승진만을 추구하는 활동도 아니다. 누구든지 일과 관련된 활동을 하고 있으면 경력을 추구하는 것이다. 모든 사람은 각자 독특한 직무, 지위, 경험을 쌓기 때문에 각자 나름대로 독특한 경력을 추구하게 된다.

개인은 직무가 변화되는 외부적인 상황의 변화나 개인의 기대나 목표가 변화되는 주관적 인식의 변화에 따라 자신의 경력을 개발할 수 있다. 외부적 상황의 변화와 주관적 인식의 변화가 서로 상호작용하는 가운데 경력개발은 추구되기도 한다. 따라서 경력개발은 개인이 경력목표와 전략을 수립하고 실행하며 피드백하는 과정으로, 개인은 한 조직의 구성원으로서 조직과 함께 상호작용하며 자신의 경력을 개발해나간다.

한국 기업은 과거와 비교하여 임직원의 경력개발에 대한 관심을 높여가고 있다. 최근에는 한국 기업의 규모와 상관없이 경력개발의 중요성에 대해 인식하고 조직의 성숙도와 여건에 따라 경력개발제도를 정착하거나 점진적 도입 중에 있다. 이력과 경력의 관리가 준비되어야 승진과 성장에서 유리하기 때문이다. 젊은 시절부터 경력관리에 신경 쓰지 않으면, 승진도 발전도 어렵게 될 것이고, 뒷날 고위직에 진출하는 것은 더욱 힘들 것이다. 경력과 이력의 관리를 현명하게 어려서부터 준비해야 하는 시대가 되었다.

2. 경력개발능력의 필요성

성공적인 경력관리를 위해서는 실효성 있는 경력관리 계획이 수립되어야 한다. 지속적인 경력관리가 필요한 이유는 다음 세 가지로 요약할 수 있다.

첫째, 빠르게 변화하는 불확실한 환경 때문이다. 현대사회의 지식 정보는 매우 빠른 속도로 변화하고 있다. 따라서 자신을 이해하고 환경 변화를 파악하지 않으면 제대로 적응해 나갈 수 없다. 변화에 적응해 나가지 못하게 되면 조직 내부적으로 발생하는 경영전략의 변화에 따른 문제, 승진 적체, 직부 환경 변화 등의 문제를 겪게 된다. 뿐만 아니라, 개인적인 측면에서도 발달단계에 따라 일에 대한 가치관과 신념의 변화, 직업적 성장을 위한 진로목표의 변경 등에 따른 목표 성취를 위해서도 필요한 능력을 개발해 나가지 않으면 안 된다.

둘째, 빠른 기술력의 변화이다. 오늘날의 사회는 빠른 기술 변화에 따라 수많은 직업이 새롭게 탄생하고 있다. 따라서 미래에 대한 준비를 위해 새롭게 요구되는 직업과 관련된 전공 분야의 능력 향상이나 지식증대가 필요하게 되었다.

셋째, 조직 구조의 변화 때문이다. 오늘날 사회는 계약직, 임시직이 증대하고 있다. 따라서 조직 내에서 임시직이 아닌 핵심인재로 살아남기 위해서는 부단한 자기 연찬과 노력이 필요하며 지속적이고 적절한 경력관리를 요구된다.

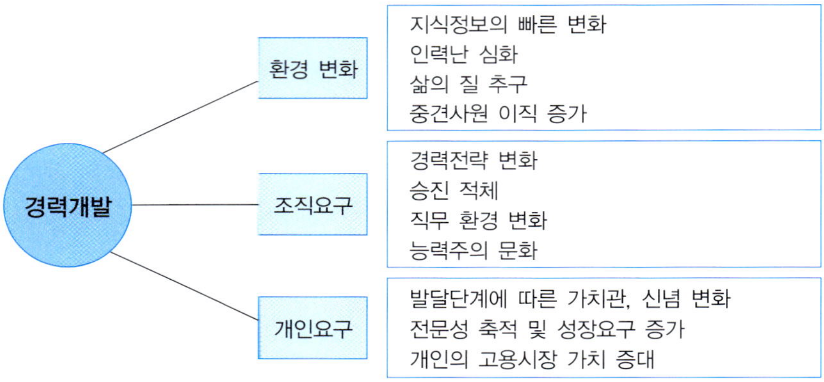

그림 10-1 경력개발의 필요성

사례연구 1 미리 준비하면 기회는 얼마든지 있다

서울 유명대를 졸업해 대기업에 들어간 A(51)씨는 올 초 퇴직했다. 인력 슬림화에 나선 회사에서 임원을 비롯해 부장급 자리를 크게 줄이면서다. 그는 6개월째 새 일자리를 알아보고 있지만 오라는 곳이 없어 무직자로 지낸다. 지인을 만나 소문도 내보고 이력서를 넣어도 봤지만 아무 반응이 없다.

올 초 다보스포럼에서 향후 5년 내 일자리가 700만 개 줄어들고 제4차 산업혁명과정에서 200만 개가 새로 등장해 결과적으로 500만 개의 일자리가 없어진다고 예견한 것이 현실화되고 있다. 컴퓨터가 인간의 일을 계속 대체하고 공장에서는 산업용 로봇이 확대되면서 화이트칼라·블루칼라 할 것 없이 일자리가 계속 줄어들고 있다. 하지만 사실상 노후가 길어지면서 퇴직한 뒤에도 일자리를 찾아야 하는 반퇴시대에선 재취업은 필수가 되고 있다.

재취업의 방법에 왕도는 없다. 미리 준비하면 더 많은 기회를 잡을 수 있다는 사실 이외에 아무 것도 정형화된 정답은 없다. 가장 큰 원칙은 퇴직 전부터 준비해서 바로 재취업해야 한다는 점이다. 일단 생각해보자면서 오래 쉬면 쉴수록 새 일자리를 찾기 어려울 가능성이 크다. 퇴직을 앞두고 있다면 미리 준비하는 것이 연착륙의 지름길이란 얘기다.

| 재취업 빨리 하려면 핵심 스펙에 집중해야

구인구직 시장은 갈수록 커지고 있다. 정년을 마치고 나온 퇴직자는 물론이고 일자리를 구하려는 청년까지 구직시장에 몰리면서다. 이때 가장 중요한 것은 내가 잘 할 수 있는 일을 찾으

면 가장 좋지만 현실적으로는 그런 기회가 많지 않다. 더구나 내가 무엇을 잘하는지는 나의 주관이 아니라 고용시장에서 객관적으로 정해진다는 점에 주목해야 한다. 그렇다면 자신의 이력서를 한 번 점검해봐야 한다. 자신이 할 수 있는 일을 확실히 알아야 찾고 있는 재취업 대상이 좁혀진다.

이력서는 직무를 수행하는 데 필요한 지식(knowledge) · 기능(skill) · 능력(ability)과 함께 이를 뒷받침해주는 교육 수준과 경력을 한눈에 보여 준다. 따라서 취업을 희망하는 직무와 관련 없는 내용을 꾸역꾸역 적어 넣을 필요가 없다. 이력에 아무리 좋은 학력과 경력이 적혀 있어도 새로 취업하게 될 직무와 직접적으로 연관성이 있어야 하기 때문이다.

예를 들어, 자동차 영업직에 재취업할 때 증권분석사나 공인중개사 자격증은 필요 없다. 이런 자격증을 이력서에 써넣어도 거의 쓸모가 없다. 반대로 증권사에서 고객상담 직무에 취업하는 경우라면 증권 · 금융 관련 자격증이 있으면 좋다. 업무 경험이나 연관성이 있으면 금상첨화다.

이런 점에서 노후 30년을 보내는 반퇴시대에는 이력서 관리가 필요하다. 이를 위해서는 평소 명확한 경력목표를 세워야 한다. 무심코 이것저것 해봐야 나중에 적합한 직무를 찾지 못하면 무용지물이다.

더구나 요즘은 자신이 취업하려는 회사의 특성과 직무를 정확하게 이해하는 게 중요해지는 추세다. 이는 당연히 면접을 통해 검증될 가능성이 크다. 스펙을 쌓더라도 쓸모도 없을 온갖 자격만 딸 게 아니라 자신의 전문성을 살리는 데 도움이 되는 방향으로 시간을 투자해야 한다는 얘기다.

〈중략…〉

폴리텍대학을 졸업하고 인생 이모작에 성공한 사례는 우후죽순처럼 쏟아지고 있다. 현역시절 사무직에서 근무하던 직장인이 자동차 정비 기술, 타일, 황토 시공, 용접을 배워 안정적인 인생 이모작을 해나가고 있다는 얘기는 더 이상 뉴스거리도 안 된다. 베이비부머와 경력단절녀 같은 경우 100세 시대에는 얼마든지 재교육을 통해 새로운 인생을 열어갈 수 있는 세상이 열린 셈이다.

출처 : 중앙일보(2016. 8. 16), 김동호의 반퇴의 정석, ⑪ 은퇴 크레바스 넘기(상) 미리 준비하면 재취업 기회는 얼마든지 있다.

• 인생 계획에 따른 자신의 일에 대한 계획 수립

10년 단위의 인생 계획, 여기에 영향을 미치는 가치관 변화, 가정 변화, 환경 변화 등 내 · 외부적 변화요인을 예측하여 보고, 자신의 일에 대한 계획을 수립해 보자.

	20대	30대	40대	50대	60대
내부 · 외부 변화요인 예측					
인생 계획					
일에 대한 계획					

02 경력개발의 단계

경력개발은 조직 내부에서뿐만 아니라 개인의 생애발달단계와 연동하여 일생에 걸쳐 일련의 단계를 거친다. 개인의 생애발달에 따른 경력개발의 단계는 개인의 실제적인 경력개발단계와 정확히 일치하지는 않으나 전반적인 단계를 제시해 줄 수 있다.

경력개발은 직무정보를 탐색하고 자신을 둘러싼 환경을 이해하는 단계를 거쳐, 자신에게 적합한 경력목표를 설정하며, 이에 따른 전략을 수립해서 실행하고, 평가하여 관리하는 단계로 이루어진다. 다만, 이러한 단계는 명확하게 구분되는 것은 아니며 중복적으로 이루어질 수도 있다. 또한 실행 및 평가를 통해 수정될 수 있다.

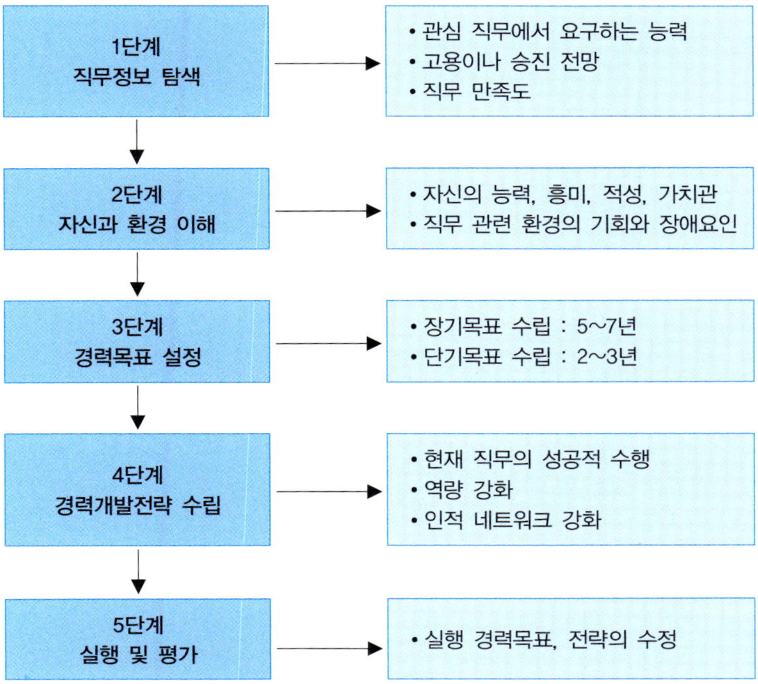

그림 10-2 경력개발의 단계

1. 직무정보탐색

경력개발은 1차적으로 직무정보탐색을 통하여 이루어진다. 직무정보탐색은 내가 관심을 가지고 하려는 직무에 대하여 구체적으로 어떠한 일을 하는지, 필요한 자질은 무엇인지, 보수나 업무 조건(환경)은 어떠한지, 고용이나 승진의 전망은 어떤지, 그 직무에 종사하는 사람들의 직무 만족도는 어느 정도인지 등 해당 직무와 관련된 모든 정보를 알아내는 단계이다. 기업 현장에서는 경력을 확대하고자 하거나, 신입사원을 대상으로 직무정보탐색 프로그램을 시행하고 있다.

2. 자신과 환경 이해

경력목표를 설정하는 데 도움이 될 수 있도록 자신의 능력, 흥미, 적성, 가치관 등을 파악하고, 직무와 관련된 주변 환경의 기회와 장애요인에 대하여 정확하게 분석한다. 특히, 경력개발은 자신과 환경과의 상호작용을 통해서 이루어지는 것이며, 이는 직무만족, 근속연한, 경력 성공에 지대한 영향을 미치므로 환경에 대한 적극적인 탐색은 매우 중요하다. 자기탐색과 환경탐색을 할 수 있는 방법의 예는 다음과 같다.

표 10-1 자기탐색과 환경탐색 방법

구분	탐색방법
자기탐색	• 자기인식 관련 워크숍 참여 • 평가기관의 전문가 면담 • 표준화된 검사
환경탐색	• 회사의 연간 보고서 • 특정직무와 직업에 대한 설명 자료 • 전직 및 경력상담 회사 및 기관 방문 • 주변 지인과의 대화 • 직업 관련 홈페이지 탐색 : 각종 기관에서 운영하는 직업정보(Know), 자격정보(Q-net), 취업알선정보(Work-net), 직업교육훈련정보(HRD-net, Career-net), 노동시장정보(고용보험 DB, 실업자 대책 DB)

3. 경력목표 설정

직무, 자신 및 환경에 대한 정보를 기초로 자신이 하고 싶은 일은 어떤 것인지, 이를 달성하기 위해서는 어떻게 능력이나 자질을 개발해야 하는지에 대하여 단계별 목표를 설정한다. 장기목표는 자신이 어떤 직무, 활동, 보상, 책임 등을 원하는지를 파악하고 자신이 선호하는 작업환경에서 향후 5~7년 정도를 예측하여 목표를 수립한다. 단기목표는 장기목표를 달성하기 위하여 어떤 경험을 축적해야 하는지, 어떤 능력을 개발해야 하는지, 장애요소는 무엇인지를 중심으로 2~3년 사이의 목표로 수립한다.

4. 경력개발전략 수립

경력목표를 수립하면 이를 달성하기 위한 활동 계획을 수립한다. 경력개발전략에는 첫째, 현 직무를 기반으로 성장할 수 있도록 성공적으로 직무를 수행할 필요가 있다. 성공적인 직무의 수행은 승진의 기회를 확대하는 것은 물론 미래의 고용가능성을 높일 수 있다. 우수한 아이디어를 내고 이를 성과로 연계되도록 노력해보자. 둘째, 자신의 역량을 개발하기 위하여 교육 프로그램 참가, 워크숍 참가, 대학이나 대학원 등 상급학교 진학, 학습동아리 활동 등을 할 수 있다. 이는 자신의 현재 직무수행능력을 향상시키는 것은 물론 미래의 직무를 위해서도 활용될 수 있다. 셋째, 자신을 알리고 다른 사람과 상호작용할 수 있는 기회를 늘린다. 상사에게 자신의 능력이나 성취에 대해서 보여 줄 필요가 있으며, 자신이 바라는 일을 알릴 필요가 있다. 또한 직장 선후배를 비롯하여 자신의 경력목표와 관련이 되는 인적 네트워크를 구축하여 정보나 지원을 받을 수 있도록 한다. 넷째, 직장에서 업무시간에 경력개발을 한다. 사람들은 경력개발이라고 하면 직장 외 장소에서 새벽시간이나 저녁시간에 하는 것을 떠올리는 경우가 있다. 그러나 기업에는 개인이 외부에서 얻는 것보다 더 풍부한 자원(인적자원, 물적 자원, 시장전략, 기술력 등)이 많이 있다.

5. 실행 및 평가

경력개발전략에 따라 목표 달성을 위해 실행한다. 실행 시에는 자신이 수립한 전략이 경력목표를 달성하기에 충분한지를 검토하고, 경력목표 자체가 달성될 가능성이 있는 것인지를 검토한다. 또한 예측하지 못했던 환경이나 가치관의 변화에 의하여 좀 더 구체적인 조작적 목표를 수립하거나 목표 자체가 변화될 수 있다. 따라서 이러한 실행과정을 통해 도출된 결과를 검토하고 수정한다.

사례연구 2

인생과 경력이라는 배의 항로는 전적으로 선장인 "내가"가 결정하는 것이다.
"대체 경력개발이 왜 필요한가?"라는 의문에 먼저 답을 해야 한다. 즉, 인생을 살면서 각자 학생 신분이든, 대표 신분이든, 공직자, 회사 팀원, 백수 그 누구든 스스로의 포트폴리오에 지속적인 관심과 애정을 가지고 살아야 한다. 왜냐하면 이게 세상의 룰이기 때문이다.
첫째, 자기 경력에 대한 보다 장기적인 접근이 필요하다. 단기적인 접근법으로는 결코 훌륭한 것을 이룰 수 없다.
둘째, 경력 목표를 인생 목표와 통합시키는 것이 좋다. 서로 다른 방향으로 나가는 것도 가능하나 이렇게 되면 자신이 낼 수 있는 에너지의 소모가 커지고 주위가 분산된다.
셋째, 자신의 부족한 부분에 대한 점검이 필요하다. 장점을 파악하는 것은 의외로 쉽다. 그리고 장점으로 얻은 부산물(수료증, 자격증, 상금, 위치, 권리 등)은 눈에 바로 보인다.
넷째, 스스로의 책임하에 모든 일이 이루어진다는 것을 확실히 인지해야 한다. 종종 이제 고작 30세 초반된 사람들의 입에서 "이번 생은 틀렸어.", "금수저한테는 못 당해.", "노오오오력해봤자…"라는 말을 듣는다. 알겠지만 단어에도 에너지가 있다. 저 말을 내 뱉는 순간, 당신은 당신을 포기한 것이다. 그저 남들이 만들어 놓은 룰에 입각하여 그저 그런 삶을 살라. 그게 편할 것이다.

출처 : 커리어 업그레이드 전략 - 경력개발, 작성자 이재윤(2016. 5. 16)

자신의 경력단계에 관련하여 준비단계인지, 실행 혹은 완료단계인지를 파악하여, 이미 경험한 일에 대해서는 실행 혹은 완료단계의 질문에 대한 자신의 경험을 적고, 아직까지 경험하지 못한 일에 대해서는 준비단계에 해당하는 자신의 계획을 작성하여 보자.

	준비단계	실행	완료단계
1	나는 언제 어떤 직업을 가지려고 하는가?	나는 어떤 직업을 수행하고 있는가?	나는 직업선택에 만족하였는가?
2	나는 조직에 입사하기 위하여 준비할 것은 무엇인가? 언제쯤 입사할 것인가?	나는 조직을 선택하고 입사할 때 어떠한 과정을 거쳤는가?	나는 지금까지 입사하는 과정에서 어떠한 경험을 하였는가?
3	나는 직무와 조직의 규칙과 규범을 배우기 위하여 어떤 노력을 하는가?	나는 직무와 조직의 규칙과 규범을 위해 어떤 노력을 하고 있는가?	나는 직무와 조직의 규칙과 규범에 어느 정도 숙달하고 있는가?
4	나는 직무와 조직에서 안정기에 접어들면 어떤 노력이 필요하고, 어떤 생각을 가질 것인가?	나는 직무와 조직에서 안정기에 접어들면서 어떤 생각으로 무엇을 준비하고 행동하고 있는가?	나는 직무와 조직의 규칙과 규범에 어느 정도 숙달하고 있는가?
5	나는 퇴직한 이후를 준비하기 위하여 어떤 노력이 필요한가?	나는 퇴직한 이후를 준비하기 위하여 지금 어떤 노력을 기울이고 있는가?	나는 퇴직 이후의 준비와 계획을 어느 정도 잘 성취하였는가?

03 나의 경력단계 점검하기

경력개발은 일과 관련되어 일어나는 연속적인 과정이다. 경력개발단계에 대한 많은 모형들이 있으며, 이러한 모형들은 경력이 일정한 단계를 거치면서 점진적으로 성숙된다는 전제로 대략적인 연령범위를 설정하여 설명하고 있다. 예를 들어, 경력단계모형은 시작단계에서 특정 직업을 선택하고 계속적으로 동일한 경력 분야에서 일을 해나가는 것을 가정한 것이다.

그러나 개인별로 입직 시기도 다르고, 처한 환경과 상황이 달라서 경력단계를 연계시켜 일반화하는 것은 쉽지 않다. 따라서 일반적으로 다음과 같이 직업선택, 조직 입사, 경력 초기, 경력 중기, 경력 말기로 나누어 볼 수 있으며, 성인 초기에 직업을 선택하고, 조직에 입사하여 경력 초기의 과정을 거치며, 성인 중기에 경력 중기 또는 경력 말기의 과정을, 성인 말기에 경력 중기 또는 경력 말기의 직업생활을 유지하고 퇴직을 준비하는 과정을 거친다.

표 10-2 전통적 경력발달모형

단계		
1단계 (0~25세)	직업선택	
	주요 과업	직업 관련 자아 이미지 개발, 다양한 직업대안의 고려 및 평가, 초기 직업의 선택, 필요 교육의 이수
2단계 (18~25세)	조직 입사	
	주요 과업	희망 직장 입사, 정확한 정보에 근거한 적합한 직업선택
3단계 (25~40세)	경력 초기	
	주요 과업	일터학습, 조직 규칙학습, 선택한 직업과 조직에 적용, 역량의 개선 '꿈'의 실현을 위한 노력
4단계 (40~55세)	경력 중기	
	주요 과업	초기 성인기 및 초기 경력의 재평가, '꿈'의 재확인 혹은 수정, 중기 성인기에 적합한 경력 선택, 생산적 직업생활 유지
5단계 (55~은퇴)	경력 말기	
	주요 과업	생산적 직업생활 유지, 자기 존중감 유지, 계획적인 은퇴 준비

1. 직업선택

이 단계는 자신에게 적합한 직업이 무엇인지를 탐색하고 이를 선택한 후, 여기에 필요한 능력을 키우는 과정이다. 이를 위해서 자신의 장·단점, 흥미, 적성, 가치관 등 자신에 대한 탐색과, 자신이 원하는 직업에서 요구하는 능력, 환경, 가능성, 보상 등 직업에 대한 탐색이 동시에 이루어져야 한다. 이를 고려하여 자신에게 적합한 직업을 선택하고, 공공 혹은 민간의 교육 프로그램을 참여하거나, 자격증을 취득하는 등 직업역량을 배양시킨다. 이 단계는 일반적으로 태어나면서부터 25세까지로 구분되지만, 사람에 따라서 직업선택은 일생 동안 여러 번 일어날 수도 있다.

2. 조직 입사

자신의 일의 세계가 결정이 되면 그 일을 수행할 조직에 들어가게 된다. 이 단계에서는 일반적으로 학교를 졸업하고 자신이 선택한 경력 분야에서 원하는 조직의 일자리를 얻으며, 직무를 선택하는 과정이다. 직무를 선택할 때도 직업선택과정과 마찬가지로 환경과 자신의 특성을 고려해야 하며, 특히 자신이 들어갈 조직의 특성을 알아보아야 한다. 이 단계는 일반적으로 18~25세에 발생되나, 각각의 교육정도나 상황에 따라 조직 입사 시기가 다를 수 있기 때문에 유동적이다.

3. 경력 초기

조직에 입사하면, 직무와 조직의 규칙 및 규범에 대해서 배우게 된다. 특히, 자신이 맡은 업무의 내용을 파악하고, 새로 들어간 조직의 규칙이나, 규범, 분위기를 알고 적응해나가는 것이 중요한 과제이다. 또한 궁극적으로 조직에서 자신의 입지를 확고히 다져나가 승진하는 데 많은 관심을 가지는 시기이다. 경력 초기 단계는 일반적으로 25~40세까지의 성인 초기로 구분하지만, 무엇보다도 이 시기는 성공

지향적인 행동을 언제까지 하느냐로 구분될 수 있을 것이다.

4. 경력 중기

경력 중기는 자신이 그동안 성취한 것을 재평가하고, 생산성을 그대로 유지하는 단계이다. 그러나 경력 중기에 이르면 직업 및 조직에서 어느 정도 입지를 굳히게 되어 더 이상 수직적인 승진 가능성이 적은 경력 정체 시기에 이르게 되며, 새로운 환경의 변화(예컨대, 과학기술, 관리방법의 변화 등)에 직면하게 되어 생산성을 유지하는 데 어려움을 겪기도 한다. 또한 개인적으로 현 직업이나 생활스타일에 대한 불만을 느끼며, 매일의 반복적인 일상에 따분함을 느끼기도 한다. 이에 따라 자신의 경력 초기의 생각을 재검토하게 되며, 현재의 경력경로와 관련 없는 다른 직업으로 이동하는 경력 변화가 일어나기도 한다. 이 단계는 일반적으로 40~55세의 성인 중기를 일컫는다.

5. 경력 말기

경력 말기에 사람들은 조직의 생산적인 기여자로 남고 자신의 가치를 지속적으로 유지하기 위하여 노력하며, 동시에 퇴직을 고려하게 된다. 특히, 경력 말기로 갈수록 경력 중기에 경험했던 새로운 환경 변화에 대처하는 데 더 어려움을 겪게 되며, 퇴직에 대한 개인적인 고민과 함께 조직의 압력을 받기도 한다. 경력 말기는 대부분 50대 중반에서 은퇴 시기까지를 말하지만, 평균수명은 증가하는 데 반해 인력난은 점차 심해져서 경력 말기가 과연 성인 말기에 해당하는지는 의문시되고 있다.

사례연구 3

앞서 학습한 내용을 토대로 자신의 경력단계는 어느 단계에 있는지 파악해보자. 그리고 자신의 경력단계의 주요 과업을 알아보고, 무엇을 준비해야 할지 찾아보자.

- 현재 자신의 경력개발단계는 어느 단계인가? 그 이유는 무엇인가?

- 자신의 경력개발단계의 주요 과업 중 이룬 것과 이루지 못한 것은 무엇인가?

↓

- 자신의 경력단계에서 현재 유리한 점과 개발해야 할 것은 무엇이 있는지 생각해보자.

학습평가

01 다음은 경력개발에 대한 설명이다. ( ) 안에 각각 들어갈 적절한 용어를 적으시오.

> (A)이란 한 개인이 일생에 걸쳐 일과 관련하여 얻게 되는 경험을 뜻한다.
> (B)은 한 개인이 일생에 걸쳐 일과 관련하여 얻게 되는 경험을 통해 직문관련 태도, 능력, 성과를 향상시켜 나가는 과정을 의미한다.
> (C)이란 자신의 진로에 대하여 단계적 목표를 설정하고 목표성취에 필요한 역량을 개발해 나가는 능력이다.

02 다음 중 경력개발에 대한 설명과 거리가 먼 것은 무엇인가?

① 경력개발은 조직 내부에서만 요구된다.

② 일생에 걸쳐 일련의 단계를 거친다.

③ 자신의 환경상황을 인식해야 한다.

④ 경력계획과 경력관리로 이루어진다.

03 다음은 전통적 경력개발단계모형에 대한 설명이다. 이와 관련하여 맞으면 ○, 틀리면 ×로 표시하시오.

① 직업선택단계에서는 자신에게 적합한 직업이 무엇인지 탐색하고, 필요한 능력을 키우는 과정이다. ( )

② 경력 중기 단계에서는 직업 및 조직에서 어느 정도 입지를 굳히므로 생산성을 유지하는 데 어려움을 겪지 않는다. ( )

③ 경력 말기 단계에서는 조직의 생산적인 기여자로 남고 자신의 가치를 지속적으로 유지하기 위하여 노력하며, 동시에 퇴직을 고려하게 된다. ( )

04 경력개발능력 필요성을 올바르게 연결하시오.

① 환경 변화	A.	• 발달단계에 따른 가치관, 신념 변화
② 조직요구	B.	• 경영전략 변화, 승진 적체, 직무 환경 변화
③ 개인요구	C.	• 지식정보의 빠른 변화, 삶의 질 추구

05 직업선택의 단계에서 주요 과업에는 어떤 것이 있는가?

학습 내용 요약

1. 경력개발능력이란 자신의 진로에 대하여 단계적 목표를 설정하고 목표성취에 필요한 역량을 개발해나가는 능력이다.
2. 경력개발은 자신과 자신의 환경상황을 인식하고 분석하여 합당한 경력 관련 목표를 설정하는 과정으로서 경력 계획과, 경력 계획을 준비하고 실행하며 피드백하는 경력관리로 이루어진다.
3. 환경 변화, 조직요구, 개인요구에 의해 경력개발능력이 필요하다. 따라서 직업인들은 개인의 진로에 대하여 단계적 목표를 설정하고 목표성취에 필요한 능력을 개발해 나가야 한다.
4. 전통적 경력개발단계 모델은 직업선택, 조직 입사, 경력 초기, 경력 중기, 경력 말기 단계로 나누어 볼 수 있다.
5. 자신의 경력을 개발하기 위해서는 경력개발이 이루어지는 단계를 알고 이에 따라 계획을 세울 수 있어야 한다.

Memo

Chapter

11

경력개발 계획 수립

Contents

1. 직업정보 탐색
2. 경력개발목표 설정
3. 경력개발전략 수립

학습목표

1. 자신이 원하는 직무가 무엇인지 탐색할 수 있다.
2. 자신에게 맞는 직무와 자기 자신 그리고 환경에 대한 정보를 수집하고 장·단기 목표를 수립할 수 있다.
3. 자신의 경력개발목표에 따라 전략을 세우고, 이에 따라 경력개발 계획을 수립할 수 있다.

주요 용어

직업정보	경력개발목표	경력개발전략
자신과 환경탐색	경력개발단계	경력 닻(career anchor)

미리보기

최근 학벌주의보다는 능력 중심의 사회를 만들어 가자는 목소리가 높아지고 있다. 정부는 학벌이나 스펙이 아닌 능력으로 평가받는 사회를 만들고자 다채로운 노력을 기울이고 있다. 이 같은 추세의 영향으로 산업체도 NCS 기반 채용을 강조하고 있어 NCS 기반능력중심 채용 시대의 도래임을 알 수 있다.

이는 불필요한 스펙 쌓기에 몰입하는 잘못된 채용문화를 개선하고 능력 중심 사회를 위한 여건을 조성하기 위한 것으로 매우 바람직하다. 즉, 스펙보다 실력과 능력 중심으로 기관에서 원하는 인재가 갖추어야 할 직무능력(지식 · 기술 · 태도 등)을 체계적으로 평가하여 적합한 인재를 채용하는 것으로 직무수행과 유관한 스펙(on-spec)을 요구한다.

출처 : 김종표 백석대 교수/충남인적자원개발위 선임위원, 2015. 10. 12일자 금강일보에서 발췌

위 칼럼에서도 볼 수 있듯이 능력을 평가받는 현 사회는 스펙을 위한 불필요한 스펙보다는 현 직무에 맞는 경력개발이 필요한 시대이다. 자신의 경력을 개발하기 위해서는 경력개발이 이루어지는 단계를 알고 이에 따라 철저한 계획을 세울 수 있어야 한다. 경력개발 계획은 직무, 자신, 환경에 대한 정보에 따라 목표를 수립하고 전략을 세우며 이에 따라 추진하고 평가하는 단계로 이루어진다.

따라서 제11장에서는 경력 닻(career anchor)을 참고하여 자신의 직업적 재능과 욕구, 가치를 파악하고, 자기-지각적 재능과 능력, 동기와 욕구, 태도와 가치의 패턴을 파악하여 직업세계의 경험과 피드백을 통해 자신의 경력을 안정시키고 자신만의 경력개발 계획을 세워보도록 한다.

01 직업정보탐색

직업은 생계를 유지하기 위하여 일정 기간 동안 계속해서 종사하는 일의 종류라 정의할 수 있다. 한국직업사전에서는 직업을 개인이 계속적으로 수행하는 경제 및 사회활동의 종류로 정의하고 있다.

직업정보는 개인의 입장에서는 자신이 종사하고자 하는 분야에서 요구하는 지식, 기술, 태도의 수준을 알고 노동시장 진출에 대비할 수 있게 한다. 또한 기업 입장에서는 직업별로 수행해야 할 직무를 파악하여 합리적으로 인재를 선발하고 관리할 수 있게 한다. 국가수준에서는 직업정보를 바탕으로 직업훈련 기준을 설정하여 인재를 양성하고 고용정책의 기초 자료로 활용할 수 있다.

급속한 기술의 발달과 이로 인한 산업구조와 인력수요의 변화에 대비하여 앞으로 노동시장에서 일어날 수 있는 여러 가능성을 보고 변화를 예측해 보는 것이 필요하다. 이에 직업정보를 탐색하고 직무수행에 필요한 자격을 알고 훈련·교육을 통해 자신의 경력을 개발해 나가는 과정이 지속적으로 이루어져야 한다.

(1) 직업세계의 변화 양상

- 직업은 계속 분화하여 다양화되고 있다.
- 정보화사회로 바뀌면서 기업환경과 사업구조가 새로워졌다.
- 사이버 공간을 통한 기업활동이 증대하고 있다.
- 삶의 질을 높이는 사업비중이 증대한다.
- 지식기반사업과 첨단산업의 발전은 산업의 비중을 변화시킬 것이다.
- 새로운 상품과 서비스의 등장은 직업을 탄생시키기도 하고 소멸시키기도 한다.
- 평생직장은 사라지고 평생직업이 남는다.
- 공동작업이 증가했고 근무 형태가 다양해졌다.
- 직업군은 단순노무, 서비스 관련, 연구·분석적 관련, 문화·예술 관련에 종사로 단순화될 것이다.

(2) 직업정보탐색

- http://www.work.go.kr(한국고용정보원 워크넷)
- http://www.career.or.kr(한국직업능력개발원 커리어넷)

(3) 자격정보

- http://www.q-net.or.kr(한국산업인력공단 큐넷)
- http://www.korcham.net(대한상공회의소)

(4) 직업능력개발훈련정보

- http://www.hrdkorea.or.kr(한국산업인력공단)
- http://www.kopo.ac.kr(한국폴리텍대학)

사례연구 1

1. 한국직업전망에 수록된 직업 중에서 본인이 관심을 갖는 직업을 5개 선정한 후 해당 직업의 적성 및 흥미를 적어보자.

www.work.go.kr → 직업 · 진로 → 직업정보탐색 → 한국직업전망

직업	적성 및 흥미

2. 가장 원하는 직업의 자격요건, 자격증, 작업시간, 보수, 전망은 어떤지 적어보자.

www.work.go.kr → 직업정보 → 직업(키워드) 검색 → 직업명 선택

학력수준	

임금수준	
자격증	
교육 및 훈련	
향후 전망	

3. 본인이 취득하기를 원하는 국가공인·민간자격을 검색한 후 그 명칭과 시험정보를 찾아서 적어보자.

   www.q-net.or.kr → 자격시험정보 → 국가공인민간자격 → 민간자격국가공인 현황

자격명	시험정보

02 경력개발목표 설정

경력개발의 목표를 설정한다는 것은 자신의 일에 대한 방향과 의미를 결정하는 것이며, 개인의 행동에 직접적인 영향을 미치는 것이다. 분명한 목표를 가지고 있는 사람들은 성공할 확률이 높으며, 방황이나 혼란을 막을 수 있고, 자신의 힘을 한 방향으로 집중할 수 있다. 또한 목표가 동기유발 기제로 작용하여 궁극적으로는 자신이 주도적으로 삶을 이끌어 갈 수 있다.

목표는 구체적인 설정을 통해 행동으로 실천하는 것이 무엇보다 중요하다. 다른

사람의 강요나 요청에 의해서 수립하는 목표가 아니라 스스로 자신의 능력을 평가하고 이를 바탕으로 자신에게 맞는 경력개발의 장기목표를 설정하며, 그것을 달성할 수 있는 실현 가능한 구체적인 단기목표를 세워 계획적으로 실천하는 것이다. 개인의 목표는 자신이 속한 사회와 주어진 환경의 변화에 따라 유동적으로 변화될 수 있기 때문에 장기적 목표는 삶의 비전에 기초하여 10년, 5년, 3년 정도 해당하는 목표를 설정하고, 단기목표는 1년, 1달, 1주, 1일 동안 이루고 싶은 목표를 선정하도록 한다.

사례연구 2

1. 나의 직업과 관련하여 무엇을 얼마나 알고 있는가?
2. 경력개발과 관련하여 자신과 환경에 대해 알고 있는 것은?

3. 나는 전문가가 되기 위해 어떤 목표를 어떻게 구체적으로 수립하였는가?
4. 전문성을 높이기 위해 어떤 전략을 수립하고 실행할 것인가?

경력개발목표 설정	
나의 삶에 최고의 목표는?	
나의 경력개발 5년 후 목표는?	
나의 경력개발 3년 후 목표는?	
나의 경력개발 올해 목표는?	
나의 경력개발 이번 달 목표는?	

03 경력개발전략 수립

경력개발 계획은 직업정보 탐색과정을 통해 자신에게 적합하다고 판단되는 직업을 성취하기 위해 목표를 설정하고 구체적인 전략을 개발하여야 한다. 결정한 목표를 달성하기 위하여 필요한 사항을 목록으로 작성하고 이를 구체화하여 필요한 전략을 세워야 한다. 또한 구체적 내용의 실행과 중간 점점과정을 거쳐야 하며, 경우에 따라서는 수립한 계획이라도 자신이 없다거나 생각이 바뀌게 될 경우 경력개발 계획의 목표를 수정할 필요도 있다. 그리고 경력개발은 평생을 걸쳐 지속적으로 이루어지는 활동이라는 것을 인식할 필요가 있다.

경력개발능력에 성공하기 위해서 나름대로 전략이 있어야 하지만, 실천을 위한 행동에 돌입하면 자기만의 지침을 가지고 흔들림 없이 실천하는 일이 중요하다. 경력개발능력을 위해 지켜야 할 몇 가지 지침을 소개한다.

첫째, 명확한 비전을 가져라. 일반적으로 성공한 사람은 분명한 꿈과 목표를 가지고 있다.

둘째, 확실한 전략(strategy)과 계획(plan)을 수시로 확인하라. 성공한 사람들의 공통적인 특성은 자신의 삶에 대한 분명한 계획을 지니고 있다는 사실이다.

셋째, 행동(action)하라. 아무리 우수한 계획도 행동으로 옮겨지지 않으면 문서로 남겨진 종이에 불과하다. 실제로 옮긴 사람만이 성공할 수 있다. 자신이 원하는 결과를 얻을 때까지 포기하지 말고 행동해라.

넷째, 위험을 감수(ricking)하고 도전하라. 도전에는 항상 위험이 도사리고 있다. 위험만을 바라본다면 할 수 있는 일은 아무것도 없다.

다섯째, 사실을 직시하고 문제를 해결해 나가라. 문제상황에 이르게 되면 무엇보다도 현실을 직시해라. 문제는 현실을 바탕으로 해결되어야 하기 때문이다. 성공한 사람들은 문제를 깨달으면 인정하고 그 사실을 직시할 뿐만 아니라 문제해결을 위해 도전해 이겨낸 사람들이다.

여섯째, 인생을 멀리 내다보라. 눈앞만 바라보면 인생이 힘들고 복잡한 것처럼 보이지만, 인생을 멀리 바라보면 휴식도 있고, 나아갈 길도 보인다.

일곱째 자신만의 멘토를 만들어라. 생각하는 만큼 얻어지고 기대하는 만큼 성취된다. 자신이 성취하고자 하는 만큼 이루어 낸 멘토를 정하고 거기에 자극받으면서 수시로 긍정적 암시를 하라. 거기에 부응하기 위해 스스로 노력하게 될 것이다.

여덟째, 열정(passion)을 잃지 말라. 자신의 부족한 능력을 넘어설 수 있는 유일한 무기는 열정이다. 어떤 성공한 사람도 열정 없이 성공한 사람은 없다. 열정은 머리로 전해지는 것이 아니라 가슴에서 가슴으로 전해지는 것이다.

사례연구 3

미국의 심리학자 샤인(Edgar H. Schein)은 1961년 경력 닻(Career Anchor)이라는 개념의 진단 도구를 고안하고 MIT 경영대학원 남자 졸업생 44명을 대상으로 10~12년 동안 장기 면접을 실시한다. 그리고 성공한 사람의 경우 모두 자신의 직업 가치관에 맞게 경력을 개발하였다는 결과를 발표하며 1978년 경력 닻(Career Anchor)이라는 개념을 소개하게 된다. 이 연구는 경력과 관련된 선택에서 성공한 사람은 자신의 흥미, 재능, 학습 결과, 주변의 기대에 의해 자신의 경력 지향성이 생기고 이것은 쉽게 변하지 않는다는 것이다. 반면, 실패한 사람의 경우는 외부 환경에 의해 자신의 직업 가치관이 지배당하는 결과가 나타나기도 하였다.

샤인은 배가 풍랑에 흔들리지 않도록 배를 고정시키는 닻이 있듯이 인간의 직업에도 경력과 관계된 선택에서 개인이 포기하지 않는 무게 중심을 잡아주는 개인의 특성을 '경력 닻'이라고 하였다. 경력 닻은 자신이 누구인지에 대하여 갖는 개인이 지닌 재능, 기술 또는 역량, 개인의 동기나 욕구 내지 삶의 목표, 그리고 가치관을 포괄하는 자아개념이다. 모든 사람들은 자신의 직무가 자신의 경력 닻과 맞을 때 가장 잘 기능성을 발휘한다. career anchor와 그 직무의 적합성이 낮으면, 조직을 떠나거나 과도한 스트레스를 경험하는 원인이 된다.

아래 경력 닻의 유형을 보고 자신의 직업적 재능과 욕구, 가치를 파악해 보고, 자신과 맞는 직무와 관련된 직업의 경력개발에 관해서 탐색해보자.

경력의 닻 유형	특성	일, 직업의 유형	보상시스템
기술적, 기능적 역량 (Technical Competence)	특정 분야의 일에 재능과 흥미를 느끼고, 경영자나 일반관리자가 되려는 데 관심 없으며, 일의 내용에 대한 정체감이 중요하다.	일 자체의 내재적 내용 도전적인 일 엔지니어, 기능 분야 부서장	기술수준별 임금, 높은 복리후생, 전문직 경력경로 승진 시스템
일반관리자 역량 (Managerial Competence)	핵심가치는 조직의 상위계층으로 승진, 경영자가 되는 것이며, 분석적, 관계적, 정서적 역량을 요구한다.	리더십 발휘가 요구되는 업무 조직성공 가능성 높은 일 고위경영자, 공장장	높은 보수와 퇴직금 대내적 형평성 성과 기준 승진 시스템, 상사의 인정 및 고속승진
자율, 독립 역량 (Autonomy)	일을 개인 독자적으로 하려 하며, 독립적인 경력을 추구한다.	명확한 경계시한이 있는 전문영역의 일 컨설팅, 연구 개발직, 교수, 자유가 있는 직무	성과급, 복리후생, 과거업적이 인정되는 승진, 상장, 메달을 통한 인정
안전, 안정 역량 (Security)	안정되고 예측 가능한 경력을 추구하며, 정년보장제도를 선호한다.	안정적, 예측 가능한 일 관공서, 시민공공서비스 관련된 직무	높은 퇴직금, 지속적 성과에 기초한 인정

경력의 닻 유형	특성	일, 직업의 유형	보상시스템
기업가적 창의성 (Creativity)	자신의 사업운영 욕구, 새로운 조직, 제품, 서비스 창출 돈을 많이 버는 것이 성공	새로운 도전 자기 사업체 보유 벤처 사업가	재산축적과 소유, 사업의 구축 및 신장, 개인의 과시와 공적인 인정
서비스, 봉사 정신 (Service)	세상을 변화시키려는 강한 욕구, 인류에 대한 봉사, 조국에 기여	자신의 가치실현을 위해 조직 및 사회정책 입안에 관계된 직무 노동문제 전문가, 신약개발 연구자, 간호사, 사회사업가, 교·의사, 성직자 등	자신의 기여에 대한 적정한 보수, 영향력 있는 지위로의 승진, 경영진과 가치공유, 동료 및 상사의 인정과 지원
순수한 도전 (Variety)	사물, 사람에 대한 강한 정복욕, 장애를 극복하고 문제해결, 강한 도전정신과 승부욕	도전과 시험기회가 많은 일 조종사, 탐험가, 육상선수, 영업직 종사자, 경영자 등	도전기회의 지속적 제공
라이프 스타일 (Life-style)	경력 닻을 가지고 있지 않음. 전체 삶의 스타일과 맞는 경력을 추구한다. 가정과 경력 간에 조화로운 통합을 원한다. 맞벌이 증가 추세와 관련	출장, 근무지 이동, 업무시간, 연구 휴가 등 작업조건에 융통성 있는 직무	출산휴가, 탁아소 운영 등 중요한 변동근무시간제, 재택근무

❶ 당신은 자신의 성향과 환경을 고려하여 경력 닻 유형 중 어느 것에 더 가깝다고 생각하는가? 그리고 그 이유는 무엇인가?

❷ 당신이 분석한 결과를 자신에게 맞는 직무와 직업에 맞는 경력개발을 선택하는 데 어떻게 활용할 수 있는가?

학습평가

01 경력개발 계획을 수립하고 실행하는 단계는 다음 그림과 같다. 빈칸의 적절한 단계는 각각 무엇인지 적어보자.

1. 직무정보탐색	→	2.	→	3. 경력목표 설정	→
4.	→	5. 실행 및 평가			

02 다음 중 경력개발 계획단계 중에서 1단계 직무정보탐색에 대한 것이 아닌 것은?

① 관심 직무에서 요구하는 능력탐색

② 고용이나 승진 전망탐색

③ 직무 만족도 탐색

④ 현재 직무의 성공적 수행

03 다음은 경력개발전략 수립에 대한 설명이다. 이와 관련하여 맞으면 ○, 틀리면 ×로 표시하시오.

① 현 직무를 기반으로 성장할 수 있도록 성공적으로 직무를 수행할 필요가 있다. (　)

② 자신을 알리고 다른 사람과 상호작용할 수 있는 기회를 늘린다. (　)

③ 직장에서 업무시간에는 경력개발을 해서는 안 된다. 경력개발은 직장 외 장소에서 새벽시간이나 저녁시간에 하는 것이다. (　)

04 경력개발능력 필요성을 올바르게 연결하시오.

① 자기탐색　　　　A. • 자기인식 관련 워크숍 참여

② 환경탐색　　　　B. • 특정직무와 직업에 대한 설명자료

　　　　　　　　　C. • 주변 지인과의 대화

05 경력개발 계획을 세우는 데 있어 자신과 환경 이해가 필요한 이유는 무엇인가?

학습 내용 요약

1. 직업인은 일생에 걸쳐서 지속적으로 나타나는 일과 관련된 경험으로서 경력을 쌓아가며, 이러한 경력의 개념에는 직위, 직무와 관련된 역할이나 활동뿐만 아니라 여기에 영향을 주고받는 환경적 요소도 포함된다.
2. 직업인은 직무가 변화되는 외부적인 상황의 변화나 개인의 기대나 목표가 변화되는 주관적 인식의 변화에 따라 자신의 경력을 개발할 수 있다. 경력개발은 개인이 경력목표와 전략을 수립하고 실행하며 피드백하는 과정으로, 직업인은 한 조직의 구성원으로서 조직과 함께 상호작용하며 자신의 경력을 개발해나간다.
3. 직업인은 지식정보의 빠른 변화와 같은 환경 변화 및 조직의 경영전략이나 승진 적체, 직무환경 변화 등 조직의 요구에 따라, 또한 개인의 가치관이나 성장욕구 등 개인의 요구에 따라 경력개발을 해나간다.
4. 직업인의 경력단계는 직업을 선택하고, 조직에 입사하여 직무와 조직의 규칙과 규범에 대해서 배우는 경력 초기의 과정을 거치며, 자신이 그동안 성취한 것을 재평가하는 경력 중기와 퇴직을 준비하는 경력 말기를 거친다.
5. 직업인은 경력을 탐색하고, 자신에게 적합한 경력목표를 설정하며, 이에 따른 전략을 수립해서 실행하고, 평가하고 관리하는 단계를 통해 경력개발을 할 수 있다. 다만, 이러한 단계는 명확하게 구분되는 것은 아니며 중복적으로 이루어질 수 있고 지속적으로 수정될 수 있다.

Memo

Chapter

12

경력개발 관련 이슈 탐색

Contents

1. 경력개발 관련 이슈
2. 구직지원 정보 탐색
3. 창업지원 정보 탐색

학습목표

1. 경력개발과 관련된 이슈에 대해 설명할 수 있다.
2. 경력개발을 위한 정보를 탐색할 수 있다.
3. 구직지원을 위한 정보를 탐색할 수 있다.
4. 창업지원정보를 탐색할 수 있다.

주요 용어

평생교육	투잡스	창업경력
직업 및 자격정보탐색	구직지원 정보탐색	창업지원 정보탐색

미리보기

1912년, 뉴욕 항으로 향하던 중 거대한 빙산에 충돌해 1,500여 명의 희생자와 함께 침몰한 영국의 초호화 유람선 타이타닉은 영화로도 우리에게 널리 알려져 있다. 이 사상 최대의 해난사고로 탄생한 직업이 바로 '빙산 운반 전문가'이다. 이들은 북대서양에서 빙산의 위치와 이동경로를 관찰하여 선박들이 빙산에 충돌하지 않고 안전하게 항해할 수 있도록 하는 역할을 한다. 주로 정유회사들이 골치를 겪던 문제들을 이들이 해결하기 시작했고 1914년 국제유빙 순찰대가 창설되면서 더욱더 전문성을 갖추게 되었다.

최근에는 작은 블록들로 무엇이든 만들 수 있는 레고를 전문적으로 다루는 '레고 조각가'라는 직업도 생겨났다. 레고 조각가는 레고의 수많은 모델들을 구상한 후 직접 만들고 부수기를 반복하는 작업을 한다. 영웅 시리즈부터 좀비 마을까지 다양한 모델의 레고를 수없이 만들어본 사람, 건축, 디자인 등 예술 관련 전공자, 특히 아이들을 좋아하는 사람이 레고사가 내건 레고 조각가의 조건이다. 2014년에는 수많은 지원자들을 재치고 역사학을 전공한 스물세 살의 최연소 레고 조각가가 채용돼 화제가 되기도 했다. 우리의 상상을 뛰어넘는 직업의 세계는 여전히 진화 중이다.

출처 : 2016년 9월 5일 EBS NEWS 중

현대사회는 단순히 개인의 연령 증가, 즉 인생발달에 따른 단순한 경력개발단계의 적용이 쉽지 않다.

따라서 12장에서는 경력개발에 관한 이슈들과 경력개발능력관리를 위한 구직지원, 창업지원 정보탐색방법에 어떤 것들이 있는지 알아본다.

01 경력개발 관련 이슈

예전에는 한 사람이 조직에 입사하면 평생직장의 개념을 강하게 인식하였고, 한 직업을 정하면 그 직업을 평생 동안 바꾸지 않았다. 전통적인 직선적 경력으로 한 직업, 한 직장에서의 수직적인 승진을 강조하였던 반면에, 최근에는 경력관리에 대한 새로운 이슈들이 등장하여 나선형 경력으로 지속적인 주요 경력의 변화가 이루어지며 단기적으로 경력의 변화가 빈번하게 이루어지고 있다.

최근에는 청년실업의 증가와 함께 직업을 가지고 있어도 고용이 불안정하여 평생에 걸쳐 경력개발을 하지 않으면 안 되는 시대가 되었다. 이와 관련하여 최근 경력개발과 관련된 이슈를 알아보고 자신의 경력 계획을 점검할 필요가 있다.

1. 평생학습사회

지식과 정보의 폭발적인 증가로 새로운 기술개발에 따라 직업에서 요구되는 능력도 변화하고 있으며, 지속적인 능력개발이 필요한 시대가 되었다. 평생직장이라는 말은 사라진지 오래이며, 평생 동안 여러 개의 직업경력을 가지는 사람도 증가하고 있다. 따라서 개인 각자가 자아실현, 생활 향상 또는 직업적 지식, 기술의 획득 등을 목적으로 생애에 걸쳐서 자주적, 주체적으로 학습을 계속할 수 있는 평생학습사회가 도래하였으며, 평생학습사회에서는 개인이 현재 가지고 있는 능력보다 개인의 학습하는 능력과 이에 대한 자기개발 노력이 더욱 중요시되고 있다.

2. 투잡스(two-jobs)

지속적인 경기불황에 따라 2개 혹은 그 이상의 직업을 가지는 사람들이 늘어나고 있다. 특히, 주 5일제가 시행되면서 이러한 투잡은 더욱 확대되고 있다. 직장인의 투잡에 관한 의견조사 실시 결과를 보면 직장생활을 하면서 투잡을 하고 있거나 여건이 되면 투잡을 가질 의사가 있는 사람은 71.0%에 해당하였으며, 투잡을 희망하는 이유로는 경제적 이유(59.5%)가 가장 높았고 그 다음으로 자투리시간활용(21.5%), 전문실력을 쌓기 위해서(13.4.%), 향후 커리어를 대비하기 위해서(5.1%) 순으로 높게 나타났다.

3. 청년실업

외환위기 이후 우리나라 노동시장에서 청년실업은 매우 큰 문제로 부각되고 있다. 2006년 9월 현재 청년 실업률은 7.2%로 2002년도에 잠시 낮아졌던 비율이 다시 상승하고 있다. 청년 노동시장은 경기 변동에 매우 민감하다. 경기 침체 시 대부분의 기업들은 우선적으로 신규채용을 억제하기 때문이다.

청년실업 관련 신조어

- 낙바생 : 낙타가 바늘 구멍 통과하듯 취업이 어려운 졸업 예정자
- 대5 : 대학 5학년생
- 삼일절 : 31세가 되면 절망
- 십장생 : 10대도 장차 백수를 생각해야 된다
- 이태백 : 이십대의 90%가 백수
- 오륙도 : 56세까지 직장에 남아 있으면 도둑
- 취업 5종 세트 : 취업에 꼭 필요한 인턴십, 아르바이트, 자격증, 공모전, 봉사활동

4. 창업경력

전 세계적으로 창업이 증가하고 있는 추세이다. 최근에는 인터넷의 확산으로 공간이나 시간의 제약 없이 손쉽게 창업을 하고 있으며, 여성들의 창업도 증가하고 있다. 창업을 하는 이유로는 정치 변화, 경제 변화, 회사생활에 대한 불만 등이 지적되고 있다. 모든 사람들이 자신의 사업을 경영하고 싶은 소망을 가지고 있듯이 창업이 매력적인 것은 틀림없지만, 창업에 성공하기 위해서는 자신의 흥미, 재능, 가치, 라이프 스타일을 철저히 이해하고, 업무 환경에 대한 충분한 정보를 얻은 후에 구체적인 목표와 전략을 수립하여 실행해야 한다.

5. 소셜 네트워크 구인 · 구직

기업 인사담당자들은 앞으로 취업시장의 핵심 키워드로 '소셜 네트워크 구인 · 구직활동'을 꼽았다. 잡 코리아는 기업 인사담당자 262명을 대상으로 〈2011년 취업시장 핵심 키워드〉를 조사했다. 조사 결과, 올해 취업시장의 이슈는 트위터, 페이스북 등 SNS를 구인 · 구직활동에 활용하는 '소셜 네트워크 구인 · 구직활동'이 64.9%로 1위였다. 실제로 삼성전자 채용 트위터는 팔로워가 6,900명을 넘어섰으며, 그 외에 KT, LG디스플레이, CJ, GM대우, 동원그룹, 대우 등 많은 기업들이 채용 SNS를 운영한다.

6. 일과 생활의 균형 = WLB(Work-Life Balance)

컨설팅 기업인 타워스 페린이 최근 16개 국가 직장인 8만 6,000여 명을 대상으로 인재를 끌어들이는 주 요인에 대해 조사한 결과, 우리나라의 경우 경쟁력 있는 복리후생제도가 1위, 일과 삶의 균형이 2위로 나타나 일과 생활의 균형에 대한 관심이 증가하고 있는 것을 알 수 있다. 그러나 선진국에서는 이미 WLB 프로그램이 보편화되었지만 우리나라에서는 일부 대기업이나 사정이 나은 중소기업 정도가 WLB 프로그램을 도입했거나 검토 중이다. 경영적 측면에서 적지 않은 비용이 들어가지만, 긍정적 효과는 당장 가시화되지 않기 때문이다.

02 경력개발을 위한 정보탐색

구직활동을 시작한 대학생들에게 취업준비는 다소 막막하게 느껴질 수 있다. 이런 대학생들의 구직활동을 위해 정부에서는 다양한 취업지원 프로그램을 운영하고 있다. 직업훈련부터 청년 인턴제도, 정장대여 등의 정부 서비스를 활용하여 보자.

1. 청년취업성공패키지

청년취업성공패키지는 개인의 성향, 목표 등을 스스로 진단하고 취업경로를 설정할 수 있게 도와준다. 또한 자가진단 내용을 바탕으로 개인 맞춤형 서비스를 제공하고 있다.

2. '직업훈련형' 프로그램

전문적인 직업훈련 후에 원하는 분야로 진출할 수 있는 프로그램으로 군대, 대학, 기업들과 연계한 교육과정을 만들어 실시하고 있다. 자신이 원하는 분야로 진출하고 싶은 사람이라면 직업훈련 프로그램에 참가해 취업역량을 길러볼 수 있다.

• 기술 · 기능인력 양성
한국폴리텍 대학과 연계, 미래 고부가가치 산업에 필요한 인력을 양성하기 위한 1년간의 교육훈련 프로그램

• 내일배움카드 훈련
해당 훈련직종 취업 또는 창업을 원하는 청년들에게 1년간 실제 훈련비의 50~80%를 지원하는 '내일배움카드'를 발급하고 학습자가 필요한 교육과정 선택 및 수강 가능

3. '일 경험 지원형' 프로그램

업계 및 업무 정보를 제공하고 일정 기간 인턴사원으로 근무할 수 있는 기회를 주어 프로그램 이수 후 구직활동이 한결 수월해질 수 있다.

• 강소기업 탐방 프로그램
거주지역의 강소기업을 방문, 해당 산업에 대한 이해도 및 근무여건 체험 가능
(http://www.work.go.kr/experi/index.do)

• 청년취업인턴제
3개월 동안 기업에서 인턴사원으로 근무할 수 있는 기회 제공
취업지원금(최대 300만 원) 수령 가능
(http://www.work.go.kr/intern/)

4. '해외 취업형' 프로그램

영어 등 외국어를 사용하는 데 불편함이 없거나 해외에서 취업 또는 인턴십을 희망하는 청년층은 '해외 취업형' 프로그램을 활용할 수 있다. 해외 취업에 대한 정보와 상담은 물론, 취업에 도달하기까지의 비용을 국비로 지원하고 있다.

• 해외 취업 성공장려금
해외 취직에 성공한 구직자를 대상으로 신흥국은 최대 400만 원, 선진국은 최대 200만 원까지 정착 장려금 지원(https://www.worldjob.or.kr/new_index.do)

• K-Move
해외구직을 원하는 청년층에게 필요한 정보, 준비사항 및 역량 등에 대한 멘토링을 지원
(https://www.worldjob.or.kr/kmove/intro.do)

5. '창업 · 창직형' 프로그램

과거에 창업 또는 창직활동을 해본 적이 있거나 번뜩이는 아이디어를 가지고 창업을 원하는 사람을 위한 '창업 · 창직형 프로그램'에 주목해 본다. 창업에 대한 두려움을 해소시킬 수 있다.

• 창직인턴제
인턴 기간 동안 약정임금의 50% 지원, 창업·창직 시 지원금 지원

• 창업인턴제
안정적으로 사업을 하고 있는 선배 창업자들의 기업에서 1년간 인턴으로 근무할 기회를 제공하고 인턴근무 이후 창업 시 평가과정을 거처 창업비용 최대 1억 원 지원
(https://www.k-startup.go.kr/main.do)

• 청년창업사관학교
우수한 창업 아이템을 보유한 청년 예비창업자들을 대상으로 전국 5개의 창업사관학교의 창업준비 공간을 활용해 계획 수립부터 사업화까지 모든 과정을 지원하는 프로그램
(https://www.k-startup.go.kr/main.do)

사례연구1

'워크넷 구직 프로그램을 활용하여 어엿한 직장인으로 거듭나다'

서른다섯 살의 A씨는 결혼은커녕 취업도 못한 동네 백수. 실의에 빠진 채 모든 의욕을 상실하고서 슬리퍼 질질 끌면서 동네 피시방에나 들락거리는 '동네 노는 형'이었다. 그저 시간이나 때우고 세월아 네월아 하며 게임에 빠져 있었다. 현실에서 밀려오는 미취업자들에 대한 시선으로 열등감만 쌓여 가고 있었다.

그러던 어느 날 한 살 어린 동생 B씨가 좋은 곳에 이직을 하였는데, 연봉은 두 배이고 복지와 처우도 훨씬 좋았다. A씨가 B씨와 대학을 다닐 때 B씨는 A씨보다 학점도 낮고, 인간관계도 미숙했었는데, 현재 '잘나가는' 사람이 된 것이 서글펐다.

A씨는 B씨에게 비결을 물어 보았고, B씨는 구직 사이트를 활용한 방법을 알려 주었다. 그 중 워크넷은 정부에서 운용하는 데다 믿을 수 있어 채용정보의 신뢰성이 높다고 하였다. 채용공고를 미끼로 사기를 치거나, 미취업자의 다급한 사정을 악용한 나쁜 사람들도 있지만, 워크넷 인증은 곧 정부가 인정하기 때문에 안심할 수 있다는 것이다.

곧 A씨는 워크넷에 회원가입을 하였다. 그러나 어느 회사에 이력서를 어떻게 내야 할지 막막하였다. 직업심리검사가 도움이 되긴 했지만 나이가 문제였다.

A씨는 워크넷의 섬세한 검색기능을 통해 큰 직장보다 작은 직장을, 사원 수가 많은 곳보다 적은 곳을, 거주지는 서울, 급여는 원하는 수준으로 지급하면서, 적성을 살릴 수 있는 곳을 검색해 보았다. 워크넷은 근무지역, 직종, 기업 형태, 상장 여부, 기업 규모, 우대조건 등 조건별로 아주 세분화된 검색 기능을 제공한다. 또한 '취업나침반'은 임금, 자격증, 채용조건, 직종별로 가이드를 제시해준다.

A씨는 워크넷의 도움으로 여기저기 지원하기 시작하였고, 두 군데 중 한 군데에서 면접을 오라는 연락을 받았다. 반신반의 하면서 내봤는데, 하루에도 몇 통씩 전화가 걸려오는 걸 보며 자신감이 높아졌다. 그 과정에서 우울함, 자신감 상실, 자괴감을 떨쳐낼 수 있었고, 결국 직장에 다니기 시작하였다. 자신이 원하는 직장이었고, 취업에 성공해서 아침마다 남들처럼 지하철을 타고 출근해서 자신에게 주어진 자리에 앉을 수 있다는 것이 행복하다고 하였다. 자신에게 취업의 기회를 갖게 해준 워크넷이 고맙다고 한다.

참고 : 위 사례는 워크넷 수기를 참고하여 저자가 각색한 내용이다.

워크넷(http://www.work.go.kr)을 활용하여 자신이 원하는 직업의 구직 현황을 알아보자.

❶ 자신이 원하는 직업의 구인광고나 채용시험 공고를 찾기

❷ 근무지와 작업시간은?

❸ 필요한 기술과 요구되는 대인관계기술은 어떤 것인가?

❹ 보수는 얼마나 되나?

- 수련기간 중 : 월 평균 ________만 원
- 초봉 : 월 평균 ____________만 원
- 최대 : 월 평균 ____________만 원

03 창업지원 정보탐색

전 세계적으로 창업이 증가하고 있는 추세이다. 최근에는 인터넷의 확산으로 공간이나 시간의 제약 없이 손쉽게 창업을 하고 있으며, 여성들의 창업도 증가하고 있다. 창업을 하는 이유로는 정치 변화, 경제 변화, 회사생활에 대한 불만 등이 지적되고 있다.

모든 사람들이 자신의 사업을 경영하고 싶은 소망을 가지고 있듯이 창업이 매력적인 것은 틀림없지만, 창업에 성공하기 위해서는 자신의 흥미, 재능, 가치, 라이프스타일을 철저히 이해하고, 업무 환경에 대한 충분한 정보를 얻은 후에 구체적인 목표와 전략을 수립하여 실행해야 한다.

다양한 스타트업 지원 프로그램

1. 정부지원
   - 서울특별시 청년 창업센터
   - 강남 청년 창업센터(070-4633-2030)
   - 강북 청년 창업센터(070-8667-2030)
   - 청년 창업 플러스센터(02-6003-3500)
   - 미래 글로벌 창업지원센터 www.bom2global.com 02-2132-2222
   - 한국콘텐츠진흥원 www.kocca.kr(031-8018-8508)
   - 창업넷 www.changupnet.go.kr(042-480-4300)

2. 민간지원
   - 벤처스퀘어 www.venturesqare.net
   - 패스트트랙아시아 www.fast-track.asia
   - 케이큐브벤처스 www.kcubeventures.co.kr

3. 펀딩지원
   대중으로부터 자금을 모은다는 뜻의 이 서비스는 자금이 없는 개인 혹인 기업이 자신의 프로젝트나 아이디어를 대중들에게 공개해 익명의 다수들에게 투자를 받는 방식을 사용하고 있다.
   - 유캔펀딩 www.ucanvunding.com
   - 씨앗펀딩 www.ssistfunding.com
   - 와디즈 www.wadiz.kr

사례연구 2

'코자자닷컴' 이혜옥 대표는 10년을 넘게 베테랑 마케터로 인정받으며 승승장구하던 차에 결혼과 육아로 전업 맘의 길을 걷게 되었다. 그러던 중 '아이가 그린 그림을 소중하게 간직할 방법은 없을까?'하는 고민을 하게 되었고, 아이가 그린 삐뚤빼뚤 그린 그림으로 인형, 쿠션, 머그잔 등을 제작하는 아이디어를 떠올렸고, 서울시청년창업센터를 발판으로 '코자자닷컴'을 오픈했다. 그녀의 창업성공 노하우를 들여다보자.

창업 준비 : 정보력이 힘이다

창업을 하면 초기 자금이 많이 필요한데, 창업센터를 이용하면 사무실 임대, 마케팅지원 교육 등을 무료로 받을 수 있다. 그녀는 청년창업센터의 도움 외에도 'TBS 희망광고 사연공모'에 사연을 보내 회사 광고를 무료로 촬영했고, 그 외 상표권 등록이나 디자인 등록 등 지적 재산권 취득과 관련해 '서울지식센터 특허지원'을 받았다. 인턴십은 '한국갭이어'에서 대학생과 창업기업을 연결해 주는 프로그램을 통해 방학기간 동안 진행했으며, 'K-스타트업'과 '중소기업지원센터' 사이트를 잘 활용해 정보를 얻었다. 나에게 맞는 프로그램에 지원해 경험하면 창업이 어려운 것만은 아니다.

창업 초기 : 사업계획서가 창업센터 입문당락을 결정한다

사업계획서를 처음 쓸 때는 매우 어렵게 느껴지는데, 항목에 맞게 차근차근 계획을 세워보고 너무 장황하게 서술하기보다 꼭 이루겠다는 의지나 열정을 담는 것이 중요하다. 많은 사업계획서 중에 눈에 띄어야 하니 아이디어가 좋거나 사회적 효과가 있는 등, 내용이 좋아야 한다. 예상 매출이나 인력 계획, 사업 확장 관련해서도 단기 계획부터 3개년 계획까지 세워보는 것도 좋다.

창업 중기 : 창업 아이템에 대한 콩깍지를 떼라

초기 사업자들은 자신의 아이템에 대한 애정이 커서 꼭 잘 될 거라는 착각에 빠져 있다. 주관적인 판단보다는 시장 환경이나 트렌드를 분석해 객관적인 자료로 자신의 사업을 설명하는 것이 중요하다. 고객의 니즈나 환경에 따라 사업은 유동적일 수 있다는 유연한 사고를 갖는 것이 중요하다.

창업 후기 : 성공은 결국 실력보다 근성

창업은 누구나 시작할 수 있지만, 무엇보다 중요한 것은 열정과 끈기이다. 시작하고 바로 빛을 보는 경우는 쉽지 않으므로 포기하지 않는 근성이 필요하다. 선배 창업가들도 "2년은 무조건 버텨라"라고 이야기한다.

출처 : NAVER 매거진캐스트, 맘&앙팡, 〈엄마를 위한 창업파트너〉, 2016년 2월호, 글 김경민

❶ 창업지원센터를 통해 창업자가 지원받을 수 있는 것은 무엇인가?

•

•

•

❷ 창업계획서 작성 시 창업자가 주의해야 할 점은 무엇인가?

•

•

•

❸ 창업 아이템 선정 시 창업자가 고려해야 할 사항은 무엇인가?

•

•

•

학습평가

01 **경력개발 계획을 수립하고 실행하는 단계는 다음과 같다. 빈칸의 적절한 단계는 각각 무엇인지 적어보자.**

> 개인 각자가 자아실현, 생활향상 또는 직업적 지식, 기술의 획득 등을 목적으로 생애에 걸쳐서 자주적, 주체적으로 학습을 계속할 수 있는 (　　A　　)가 도래하였으며, 평생학습사회에서는 개인이 현재 가지고 있는 능력보다 개인의 학습하는 능력과 이에 대한 (　　B　　) 노력이 더욱 중요시되고 있다.

02 **경력개발과 관련하여 과거와 차이점이 아닌 것은?**

① 평생직장이 사라짐

② 직선적 경력

③ 단기적 경력의 변화 빈번

④ 고용불안

03 **다음은 경력개발과 관련된 이슈에 대한 설명이다. 맞으면 ○, 틀리면 ×로 표시하시오.**

① 고용이 불안정하여 경력개발이 불가능하다. (　)

② 평생학습사회가 도래하여 개인의 학습하는 능력이 강조되고 있다. (　)

③ 지속적인 불황과 주 5일제가 시행되면서 두 가지 이상의 직업을 가진 사람들이 늘어나고 있다. (　)

04 창업성공 노하우에 대한 설명을 올바르게 연결하시오.

① 창업 준비 A. • 실력도 중요하지만 열정과 끈기가 더 중요

② 창업 후기 B. • 창업 관련 정보를 수집한다.

C. • 창업 관련 프로그램에 참가한다.

05 창업을 위한 정부지원에는 어떤 것이 있는가?

학습 내용 요약

1. 최근 경력개발과 관련하여 많은 이슈들이 있으며, 직업인들은 자신의 경력개발 계획을 수립할 때 이러한 이슈들을 고려하여야 한다. 평생학습사회의 도래로 지속적인 학습이 강조되고 있으며, 경기불황과 주 5일제의 확대에 따라 투잡이 활성화되고 있으며, 청년실업이 외환위기 이후에 계속적으로 증가하며, 새로운 일을 창업하려는 사람도 늘어나고 있다.
2. 청년취업난의 실정을 알아보며, 구인·구직을 위한 정보탐색과 평생학습방법 또는 직업 관련 교육센터 등을 탐색하고 정부지원을 받을 수 있는 방법을 찾을 수 있다.
3. 달라진 취업 트렌드, 이색 구인, 알짜 기업 정보를 종합적으로 정리하자면, 탈 스펙 시대에 요즘 대세는 국가직무능력표준이기 때문에 기업에서 원하는 인재상은 실무형 인재를 선호하며, 지원자의 장점, 개성, 재치 등을 보려고 하고, 인성과 면접이 강화되고 있다.
4. 창업이 매력적인 것은 틀림없지만, 창업에 성공하기 위해서는 자신의 흥미, 재능, 가치, 라이프 스타일을 철저히 이해하고, 업무 환경에 대한 충분한 정보를 얻은 후에 구체적인 목표와 전략을 수립하여 실행해야 한다.
5. 창업 성공자의 사례에서 알 수 있듯이 창업 준비기에는 정보력이 중요하고, 창업 초기에는 사업계획서와 아이디어의 구체성이 필요하다. 창업 중기에는 객관적인 소비자 트렌드를 읽는 것이 중요하다. 마지막으로 창업 후기에는 식지 않는 열정과 끈기가 창업을 성공으로 이끄는 비결이 된다.

사후평가

체크리스트

직업기초능력으로서 자기개발능력을 학습한 것을 토대로 다음 표를 이용하여 자신의 수준에 해당되는 칸에 ✓표 하시오.

구분	문항	매우 미흡	미흡	보통	우수	매우 우수
D-1 자기개발 능력	1. 나는 자기개발의 의미를 설명할 수 있다.	1	2	3	4	5
	2. 나는 자기개발능력의 의미를 설명할 수 있다.	1	2	3	4	5
	3. 나는 자기개발의 특징을 설명할 수 있다.	1	2	3	4	5
	4. 나는 현대사회에서 자기개발이 필요한 이유를 설명할 수 있다.	1	2	3	4	5
	5. 나는 자아인식의 개념을 설명할 수 있다.	1	2	3	4	5
	6. 나는 자기관리의 개념을 설명할 수 있다.	1	2	3	4	5
	7. 나는 경력개발의 개념을 설명할 수 있다.	1	2	3	4	5
	8. 나는 자기개발을 방해하는 장애요소를 해결할 수 있다.	1	2	3	4	5
	9. 나는 자기개발 계획의 수립전략을 설명할 수 있다.	1	2	3	4	5
	10. 나는 자기개발 계획 수립이 어려운 이유에 대해서 설명할 수 있다.	1	2	3	4	5
	11. 나는 브랜드의 조건을 설명할 수 있다.	1	2	3	4	5
	12. 나는 자신을 브랜드화 하기 위한 전략을 설명할 수 있다.	1	2	3	4	5
	13. 나는 브랜드를 PR하는 방법을 설명할 수 있다.	1	2	3	4	5
D-2-가 자아인식 능력	1. 나는 직장생활에서 나를 아는 것이 왜 중요한지 설명할 수 있다.	1	2	3	4	5
	2. 나는 자아인식의 개념을 설명할 수 있다.	1	2	3	4	5
	3. 나는 나를 알아가는 방법에는 어떠한 것이 있는지 설명할 수 있다.	1	2	3	4	5
	4. 나는 조 해리의 창에서 자아를 구분하는 두 가지 기준을 설명할 수 있다.	1	2	3	4	5
	5. 나는 다른 사람과의 커뮤니케이션을 통해서 나를 발견할 수 있다.	1	2	3	4	5
	6. 나는 나의 직업흥미를 알고 있다.	1	2	3	4	5

구분	문항	매우 미흡	미흡	보통	우수	매우 우수
D-2-가 자아인식 능력	7. 나는 나의 적성을 알고 있다.	1	2	3	4	5
	8. 나는 흥미와 적성을 개발하는 방법을 설명할 수 있다.	1	2	3	4	5
	9. 나는 자신을 인식하는데 있어서 자기성찰이 왜 필요한지 설명할 수 있다.	1	2	3	4	5
	10. 나는 자기성찰을 연습하는 방법을 설명할 수 있다.	1	2	3	4	5
D-2-나 자기관리 능력	1. 나는 자기관리와 자기관리능력에 대한 개념을 설명할 수 있다.	1	2	3	4	5
	2. 나는 자기관리 단계에 따라 자기관리 계획을 수립할 수 있다.	1	2	3	4	5
	3. 나는 어떠한 과제를 우선적으로 수행해야 되는지 설명할 수 있다.	1	2	3	4	5
	4. 나는 인내심을 가지고 일을 할 수 있다.	1	2	3	4	5
	5. 나는 긍정적인 마음을 가지기 위한 방법을 설명할 수 있다.	1	2	3	4	5
	6. 나는 업무수행 성과를 높이기 위한 전략들을 설명할 수 있다.	1	2	3	4	5
	7. 나는 합리적인 의사결정의 개념을 설명할 수 있다.	1	2	3	4	5
	8. 나는 합리적인 의사결정 과정을 설명할 수 있다.	1	2	3	4	5
D-2-다 경력개발 능력	1. 나는 경력의 개념을 설명할 수 있다.	1	2	3	4	5
	2. 나는 경력개발의 개념을 설명할 수 있다.	1	2	3	4	5
	3. 나는 경력개발의 중요성을 설명할 수 있다.	1	2	3	4	5
	4. 나는 경력단계가 어떻게 진행되는지 설명할 수 있다.	1	2	3	4	5
	5. 나는 나의 경력단계가 지금 어디에 해당하는지 설명할 수 있다.	1	2	3	4	5
	6. 나는 경력개발 계획 수립단계에 따라 나의 경력개발 계획을 수립할 수 있다.	1	2	3	4	5
	7. 나는 경력개발 목표에 따른 적절한 전략을 수립할 수 있다.	1	2	3	4	5
	8. 나는 나의 경력개발과 관련된 최근의 이슈를 설명할 수 있다.	1	2	3	4	5

평가 방법

체크리스트의 문항별로 자신이 체크한 결과를 아래 표를 이용하여 해당하는 개수를 적어보자.

학습모듈	점수	총점	총점 / 문항 수	교재(장)
자기개발능력	1점 × (　　)개		총점 / 13 = (　　)	1, 2, 3장
	2점 × (　　)개			
	3점 × (　　)개			
	4점 × (　　)개			
	5점 × (　　)개			
자아인식능력	1점 × (　　)개		총점 / 10 = (　　)	4, 5, 6장
	2점 × (　　)개			
	3점 × (　　)개			
	4점 × (　　)개			
	5점 × (　　)개			
자기관리능력	1점 × (　　)개		총점 / 8 = (　　)	7, 8, 9장
	2점 × (　　)개			
	3점 × (　　)개			
	4점 × (　　)개			
	5점 × (　　)개			
경력개발능력	1점 × (　　)개		총점 / 8 = (　　)	10, 11, 12장
	2점 × (　　)개			
	3점 × (　　)개			
	4점 × (　　)개			
	5점 × (　　)개			

평가 결과

평가수준이 '부족'인 학습자는 해당 학습모듈의 교재 장를 참조하여 다시 학습하십시오.

모듈별 평균 점수
3점 이상 : 우수
3점 미만 : 부족

출처 : 국가직무능력표준(www.ncs.go.kr)

참고문헌

경향신문, 2011년 6월 23일자 기사.
고바야시 히로유키(2015), 하루 세 줄 마음정리법 : 자기성찰의 방법, 지식공간.
고봉익 · 윤정은(2012), 공부감성 : 스티브잡스의 자기성찰과 피드백, 중앙.
공병호의 자기브랜드 만들기, 공병호경영연구소, http://www.gong.ck.kr
국민일보, 2016년 10월 4일자 기사.
금진호(2007), 변화되는 우리의 미래를 위하여, 제3마케팅.
금진호(2007), 창업 경영실무, 양성원.
김봉환 외 공저(2006), 학교진로상담, 학지사.
김이준 · 황은희(2016). 대학생을 위한 진로와 취업, 가담플러스.
김인숙(2015), 퍼스널브랜딩 4단계전략.
동아일보, 2016. 8. 25, 재능수저.
리상섭 외 공저(2014), 직업 · 진로설계, 양성원.
문화일보, 2016년 10월 27일자 기사.
브레인월드 미디어, 2012년 6월 23일자 기사.
서광원(2012), 사장으로 산다는 것, 흐름출판.
서일수 · 김도균 · 김지혜 · 이정애(2013), 진로개발과 직업세계, 한빛아카데미.
세계일보, 2012. 5. 6, 성격과 흥미를 제대로 파악하자.
수리(2011), 손정의 세계를 로그인하다, 현문미디어.
수전 뉴먼(2007), 나혜목 옮김, 거절의 미학, 북앳북스.
스티브잡스 사진 출처 : 디제라티.
아담 브라이언트(2012), 윤영삼 옮김, 사장실로 가는 길, 가디언.
안병진 외(2012), 문제해결의 통합적 방법, 한나래.
양광모(2012), 조해리의 창, 따뜻하고 쿨하게 공감하라.
유채은 · 조규판(2014), 진로와 자기계발, 학지사.
이규은 · 이영선(2014), 직업기초능력의 이해와 개발.
이재선 외(2015), 열정에 기름 붓기, 천년의상상.

이종우(2014), 성공하는 사람들의 목표관리 시스템, 아이웰콘텐츠.
이형국 · 권오관 · 강기원(2013), 한 권으로 끝내는 진로탐색과 미래설계, 한올.
인천일보, 2016년 6월 14일자 기사.
임경희 외 11(2015), 직업기초능력 향상을 위한 자기계발과 진로설계, 학지사.
강준민(2008), 성품 속에 담긴 축복의 법칙, 두란노.
자기 PR시대, 예병일의 경제노트, http://www.linxus.co.kr
자기개발능력 교수자용 매뉴얼, 한국산업인력공단.
자기개발능력 교수자용, 한국산업인력공단.
자기개발능력 학습자용 워크북, 한국산업인력공단.
정석용 · 이규은(2014), 자기계발과 직업, 동문사.
조성진 · 지희진(2015), 인성함양과 자기계발, 양성원.
조세일보, 2016년 10월 27일 기사.
조재형(2012), SUPER 직장인 무엇이 결정하는가, 재승출판.
직업인의 브랜드화, 문화일보, 2006. 06. 16
최명선 외 2(2010), 자아인식 미리보기 꿈을 찾으면 내 직업이 보인다.
최명순 · 문은미 · 서진아(2010. 5). 꿈을 찾으면 내 직업이 보인다 : 가치관과 진로, 예담
최정수(2014), 진로설계와 경력개발, 한국영상대학교.
키티 켈리(2012), 이은주 옮김, 내 인생 최고의 쇼, 김영사.
피터 드러커 외(2004), 심영우 옮김, 의사결정의 순간, 21세기북스.
피터 드러커(2001), 프로페셔널의 조건 : 나의 가치관은 무엇인가?, 청림.
하정연 · 오정희(2015), NCS 기반의 인성과 진로, 동문사.
한국경제, 2016. 10. 27. 식당예약서비스 기업 오픈테이블의 크리스타 퀄스 CEO, CNBC와의 인터뷰에서.
한국고용정보원, CAP+ 청년층 직업지도프로그램.
한국교용정보원(2014), 대학생을 위한 취업교육.
한국산업인력공단, 직업기초능력 자기개발능력 학습자용 워크북, 국가직무능력표준 홈페이지(http://www.ncs.go.kr)
한국표준협회 NCS연구회 편저(2016), 자기개발능력.
한국표준협회NCS연구회(2016), 자기개발능력, 박문각.
황매향 · 김연진 · 이승구 · 전방연(2011), 진로탐색과 생애설계, 학지사.

Mark L. Savickas, 김봉환 · 김소연 · 정희숙 공역(2016), 커리어 카운슬링, 박영스토리.

T. J. Delong, PERSONNEL, May-June 1982, pp. 56-57. ⓒ 1982 AMACOM, a division of American Management Associations, New York.

사이트 참고

대한상공회의소 http://www.korcham.net

미래 글로벌 창업지원센터 www.bom2global.com

서울일자리플러스센터 홈페이지 http://job.seoul.go.kr/

창업넷 www.changupnet.go.kr

커리어넷 http://www.careernet.re.kr/

퍼스널브랜드, 한국퍼스널브랜딩연구소 http://www.kpbr.kr/

한국고용정보원 워크넷 http://www.work.go.kr

한국산업인력공단 큐넷 http://www.q-net.or.kr

한국산업인력공단 http://www.hrdkorea.or.kr

한국직업능력개발원 커리어넷 http://www.career.or.kr

한국콘텐츠진흥원 www.kocca.kr

한국폴리텍대학 http://www.kopo.ac.kr

Photo(Image)

http://www.hiddencash.history.com

http://www.m.blog.daum.net

http://www.public.bokeducation.or.kr

http://www.sports.chosun.com

http://www.booklikedream.tistory.com

http://www.mule.co.kr

http://www.bbs.goodnews.or.kr

http://www.blog.naver.com

찾아보기

정답 및 해설

1장 _

01 정답 | 직업인
해설 | 자기개발능력은 직업인으로서의 자신의 목표를 수립하고 성취해나가는 능력이다.

02 정답 | ④
해설 | 자기개발능력의 하위능력은 자아인식능력, 자기관리능력, 경력개발능력으로 구성되어 있다.

03 정답 | ① ○, ② ○, ③ X
해설 | 자기개발은 평생에 걸쳐서 이루어지는 과정으로 변화하는 환경 속에서 지속적으로 개발, 학습하여야 한다.

04 정답 | ① – B, ② – C, ③ – A
해설 | • 자아인식능력 : 자신의 흥미, 적성, 특성 등을 이해하고, 이를 바탕으로 자신에게 필요한 것을 이해하는 능력
• 자기관리능력 : 업무에 필요한 자질을 지닐 수 있도록 스스로를 관리하는 능력
• 경력개발능력 : 끊임없는 자기개발을 위해서 동기를 가지고 학습하는 능력

05 정답 | 평생직장이 사라지고 평생직업인으로서 전문성을 함양하기 위해 자신에 대한 이해를 바탕으로 진로 목표를 설정하고 경력을 관리하는 자기관리능력의 중요성이 강조되고 있다.
해설 | 지속적으로 움직이고 변화하는 환경 속에서 자신의 목표를 성취하고 그 분야에서 인정받기 위해서는 부단한 노력이 필요하다. 해당 분야에서 필요로 하는 지식과 기술, 태도는 무엇인지를 알고 그러한 인재가 되기 위해 노력하는 자기개발능력은 학창시절을 지나 사회생활을 하면서도 끊임없이 요구된다.

2장 _

01 정답 | 욕구, 감정
해설 | 인간의 욕구와 감정을 합리적으로 통제하여야 자기개발을 이루는 데 용이하다.

02 정답 | ③

해설 | ① 단기목표는 장기목표 수립을 위한 기본단계이다.
② 장기목표는 구체적으로 작성하는 것이 경우에 따라서는 어렵거나 바람직하지 않을 수 있다.
④ 자기개발 계획은 현재 직무나 전공을 기반으로 수립하는 것이 바람직하다.

03 정답 | ① ○, ② X, ③ ○

해설 | 인간은 제한적 사고로 인하여 자신의 장·단점을 객관적으로 파악하기 어렵다.

04 정답 | ① – B, ② – C, ③ – A

해설 | • 자기정보의 부족 : 자신의 흥미, 장점, 가치, 라이프 스타일을 충분히 이해하지 못함
• 내부 작업정보 부족 : 회사 내의 경력기회 및 직무 가능성에 대해 충분히 알지 못함
• 외부 작업정보 부족 : 다른 직업이나 회사 밖의 기회에 대해 충분히 알지 못함

05 정답 | 장기적인 안목을 가지고 정보를 수집하고 새로운 영역에서의 가능성을 탐색하여 자신의 강점을 개발하는 지속적인 과정을 가능하게 한다.

해설 | 장기적인 목표를 설정하고 이를 달성하기 위한 단기목표를 세우는 체계적인 방법을 사용하고, 당장 하루하루 닥치는 일상의 일을 해결하는 데 치중하거나 그 과정에서 겪는 실패와 좌절로 인해 큰 목표를 잊고 우선순위를 상실하는 경우를 방지할 수 있다.

3장 _

01 정답 | ① 친근감, ② 열정, ③ 책임감

해설 | 사람들로부터 자기 자신이 사랑받는 브랜드가 되기 위해서는 친근감, 열정 그리고 책임감이 필요하다.

02 정답 | ②

해설 | 자신을 브랜딩하는 전략 4단계는 브랜드탐색 → 브랜드구축 → 브래드확산 → 브랜드관리 순으로 하는 것이 바람직하다.

03 정답 | ① X, ② X, ③ ○

해설 | ① 자유롭게 표현이 가능하다.
② 소셜 네트워크가 아닌 인적 네트워크이다.

04 정답 | 사람에 따라 제시하는 정답이 각기 다양한 형태로 제시될 수 있다.

해설 | ① 퍼스널 브랜드는 믿음을 준다.
② 퍼스널 브랜드는 자신이 누구인지 정의해준다.
③ 퍼스널 브랜드는 고객을 정의해준다.
④ 퍼스널 브랜드는 경쟁력을 높여준다.
⑤ 퍼스널 브랜드는 몸값을 높여준다.

4장 _

01 정답 | 자아정체감

02 정답 | A : 내면적 자아, B : 외면적 자아

03 정답 | 기질

04 정답 | 인식

05 정답 | 자아

5장 _

01 정답 | A: 흥미, B : 적성

02 정답 | 직업적성검사

03 정답 | 마인드컨트롤을 통해 자신을 의식적으로 관리하는 방법을 깨닫게 되면 문제상황을 해결할 수 있다. 자기마음의 관리는 학습능력 향상, 잠재능력 개발, 집중력 향상, 발표력 향상 및 다양한 심리치료에 효과적으로 적용되고 있다.

04 정답 | ④

6장 _

01 정답 | ②

02 정답 | ○, ×, ×, ○
해설 | 성찰을 통해 현재의 부족한 부분이 무엇인지를 발견하고 이를 개선하여 과거에 했었던 실수를

다시 반복하지 않도록 도와주며, 업무수행능력을 향상시켜 준다. 이와 같은 성찰은 지속적인 연습을 통하여 보다 더 잘 할 수 있게 되므로 매일 정해진 시간 동안 자신이 했던 일 중에 잘했던 일과 잘못했던 일을 돌아보는 시간을 가지는 것이 중요하다.

03 정답 | 가치관

04 정답 | 직업가치관검사

05 정답 | 성찰과 관련된 질문의 예는 다음과 같다.
- 지금 일이 잘 진행되거나 그렇지 않은 이유는 무엇인가?
- 이 상태를 변화시키거나 혹은 유지하기 위하여 해야 하는 일은 무엇인가?
- 나는 이번 일에서 다르게 수행했다면 더 좋은 성과를 냈을 일은 무엇인가?

7장 _

01 정답 | 1단계 : 비전 및 목적 정립, 3단계 : 일정 수립
해설 | 자기관리단계는 자신의 비전과 목적을 정립하고, 자신의 역할 및 능력을 분석하여 과제를 발견하며, 이에 따른 일정을 수립하고 실행하며 그 결과를 토대로 반성하고 피드백한다.

02 정답 | ③
해설 | 인내심을 키우기 위해서는 여러 가지 종합적인 시각으로 상황을 분석한다.

03 정답 | ① - ○ ② - ×
해설 | 긍정적인 마음을 갖기 위해서는 먼저 자신부터 긍정적으로 생각하여야 한다.

04 정답 | ① - A ② - C ③ - B
해설 | 확실한 목표를 수립하고 목표를 달성하기 위한 SMART 법칙 5가지를 설명한다.

05 정답 | 인재상 : 유연적 사고형, 역량 : 도덕성, 창의성, 전문성, 글로벌 역량
해설 | 시대별 기업이 원하는 인재상을 다시 설명한다.

8장 _

01 정답 | 자기자본이익률
해설 | 자기자본이익(성과관리 역량) = 당기순이익(자기 자원) ÷ 자기자본(자기 능력)

02 정답 | ④
해설 | 다른 사람과 차별화하여 다른 방법으로 처리한다.

03 정답 | ① - ○ ② - ×
해설 | 자신만의 색깔이나 정체성을 통해 차별화하여야 한다.

04 정답 | ① - B ② - A ③ - C
해설 | 업무성과를 높이기 위한 방법을 설명하여 준다.

05 정답 | 자원, 지침, 능력, 지원
해설 | 직장인의 업무수행 성과에는 시간이나 물질과 같은 자원, 업무지침, 개인의 능력(지식이나 기술 포함), 상사 및 동료의 지원과 같은 요인이 영향을 미친다.

9장 _

01 정답 | 의사결정 기준과 가중치를 정한다, 가능한 모든 대안을 탐색한다.
해설 | 합리적 의사결정과정을 다시 설명한다.

02 정답 | ②
해설 | 빨리 하여야 한다. 늦을 경우 YES로 오해할 수 있다.

03 정답 | ① - ○ ② - ○ ③ - ×
해설 | 잠시 뜸을 들여 고민하는 모습은 속도의 거절이다.

04 정답 | ① - C ② - A ③ - B
해설 | 의사결정유형 중 합리적 유형은 신중하고 합리적이며, 직관적 유형은 즉흥적이고 감정적이며, 의존적 유형은 수동적이고 순종적이다.

05 정답 | ① 의사결정이 신중하고 합리적이다.
② 심리적 독립과 성장에 도움이 된다.
③ 잘못되거나 실패할 확률이 낮다.
④ 의사결정에 시간이 걸린다.
해설 | 합리적 의사결정의 특징을 설명해 준다.

10장 _

01 정답 | A : 경력, B : 경력개발, C : 경력개발능력
해설 | 경력이란 한 개인이 일생에 걸쳐 일과 관련하여 얻게 되는 경험을 뜻한다.
경력개발은 한 개인이 일생에 걸쳐 일과 관련하여 얻게 되는 경험을 통해 직무관련 태도, 능력, 성과를 향상시켜 나가는 과정을 의미한다.
경력개발능력이란 자신의 진로에 대하여 단계적 목표를 설정하고 목표성취에 필요한 역량을 개발해 나가는 능력이다.

02 정답 | ①
해설 | 경력개발은 조직 내부에서뿐만 아니라 개인의 생애발달단계와 연동하여 일생에 걸쳐 일련의 단계를 거친다.

03 정답 | ① ○ ② × ③ ○
해설 | 경력 중기에 이르면 새로운 환경의 변화(예컨대, 과학기술, 관리방법의 변화 등)에 직면하게 되어 생산성을 유지하는 데 어려움을 겪기도 한다.

04 정답 | ① – C ② – B ③ – A
해설 |

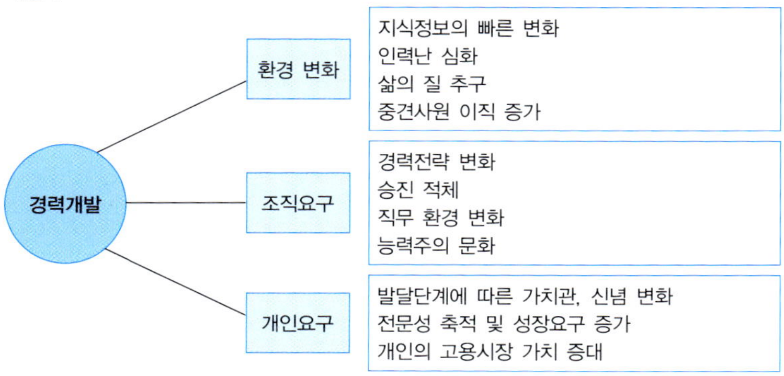

05 정답 | 직업 관련 자아 이미지 개발, 다양한 직업대안의 고려 및 평가, 초기 직업의 선택, 필요 교육의 이수
해설 | 직업선택단계는 자신에게 적합한 직업이 무엇인지를 탐색하고 이를 선택한 후, 여기에 필요한 능력을 키우는 과정이다. 이를 위해서 자신의 장·단점, 흥미, 적성, 가치관 등 자신에 대한 탐색과, 자신이 원하는 직업에서 요구하는 능력, 환경, 가능성, 보상 등 직업에 대한 탐색이 동시에 이루어져야 한다.

11장 _

01 정답 | 2단계 : 자신과 환경 이해, 4단계 : 경력개발전략 수립
해설 | 경력개발은 경력을 탐색하고, 자신에게 적합한 경력목표를 설정하며, 이에 따른 전략을 수립해서 실행하고 평가하여 관리하는 단계로 이루어진다. 다만 이러한 단계는 명확하게 구분되는 것은 아니며 중복적으로 이루어질 수도 있다. 또한 실행 및 평가를 통해 수정될 수 있다.

02 정답 | ④
해설 | 현재 직무의 성공적 수행은 4단계 경력개발전략 수립에 관계된 설명이다.

03 정답 | ① O ② O ③ X
해설 | 사람들은 경력개발이라고 하면 직장 외 장소에서 새벽시간이나 저녁시간에 하는 것을 떠올리는 경우가 있다. 그러나 기업에는 개인이 외부에서 얻는 것보다 더 풍부한 것(인적자원, 물적 자원, 시장전략, 기술력 등)이 많이 있다.

04 정답 | ① – A ② – B, C
해설 |
- 자기탐색 : 자기인식 관련 워크숍, 전문기관의 전문가 면담, 표준화된 검사, 일기 등을 통한 성찰과정
- 환경탐색 : 회사의 연간 보고서, 특정직무와 직업에 대한 설명자료, 전직 및 경력 상담 회사 및 기관 방문, 주변 지인과의 대화, 직업 관련 홈페이지 탐색 : 각종 기관에서 운영하는 직업정보(Know), 자격정보(Q–net), 취업알선정보(Work–net), 직업교육훈련정보(HRD–net, Career–net), 노동시장정보(고용보험 DB, 실업자 대책 DB)

05 정답 | 경력목표를 설정하는 도움이 될 수 있도록 자신의 능력, 흥미, 적성, 가치관 등을 파악하고, 직무와 관련된 주변 환경의 기회와 장애요인에 대하여 정확하게 분석하여야 한다. 경력개발은 자신과 환경과의 상호작용을 통해서 이루어지는 것이며, 이는 직무만족, 근속연한, 경력성과에 지대한 영향을 미치므로 환경에 대한 적극적인 탐색은 매우 중요하기 때문이다.

12장 _

01 정답 | A : 평생학습사회, B : 자기개발

해설 | 개인 각자가 자아실현, 생활 향상 또는 직업적 지식, 기술의 획득 등을 목적으로 생애에 걸쳐서 자주적, 주체적으로 학습을 계속할 수 있는 평생학습사회가 도래하였으며, **평생학습사회**에서는 개인이 현재 가지고 있는 능력보다 개인의 학습하는 능력과 이에 대한 **자기개발** 노력이 더욱 중요시되고 있다.

02 정답 | ②

해설 | 과거에는 한 직업, 한 직장에서 수직적인 승진을 강조하는 직선적 경력이 보편적이었다.

03 정답 | ① X ② O ③ O

해설 | 고용불안정으로 경력개발의 필요성이 더욱 증대되고 있으며, 평생학습시대 개인의 학습능력과 자기개발능력이 강조되고 있다. 또한 경기불황으로 두 가지 이상의 직업을 가진 사람들이 늘어나고 있다.

04 정답 | ① – B, C ② – A

해설 |
- 창업 준비 : 사이트를 잘 활용해 정보를 얻고, 나에게 맞는 프로그램에 지원해 경험하면 창업이 어려운 것만은 아니다.
- 창업후기 : 창업은 누구나 시작할 수 있지만, 무엇보다 중요한 것은 열정과 끈기이다.

05 정답 | 다양한 스타트업 정부지원이 마련되어 있다.

- 서울특별시 청년 창업센터 : 2030.seoul.kr,
  (강남 청년창업센터, 강북 청년창업센터, 청년 창업플러스센터)
- 미래 글로벌 창업지원센터 www.bom2global.com
- 한국콘텐츠진흥원 www.kocca.kr
- 창업넷 www.changupnet.go.kr

저 | 자 | 소 | 개

김경진

숙명여자대학교 대학원 교육학박사 수료

전) 안산대 NCS교육지원센터 특임교수

연세대학교 원주캠퍼스 산학협력중점교수

현) 한국학습컨설팅센터 연구위원

금진호

한남대학교 대학원 교육학석사

현) 목원대학교 교양교육원 겸임교수

한국영상대학교 NCS전담교수

한국표준협회 NCS 전문위원

TBN 한국교통방송 / 언론 경제칼럼니스트

저서) 의사소통능력, 대인관계능력, 문제해결능력, 조직이해능력 외 다수

김유진

단국대학교 일반대학원 교육학박사

현) 동원대학교, 서울불교대학교 대학원 외래교수

라온제나 교육개발연구소 소장

서순해

대구대학교 대학원 부동산학석사

대구대학교 대학원 도시학과(부동산 전공) 박사 과정

현) 선린대학교 세무회계정보과 외래교수

임영수

경기대학교 대학원 관광학박사

전) E & P Consulting(주) 대표이사 등

현) 국제대학교 항공서비스학과장(교수)

국제대학교 국제교류센터장

코레일 자문위원 등 다수 공기관 자문위원

NCS 직업기초

UP 자기개발능력

1판 1쇄 발행 — 2019년 8월 26일
1판 3쇄 발행 — 2022년 8월 5일

저　　자 – 김경진 · 금진호 · 김유진 · 서순해 · 임영수
발 행 인 – 강철원
발 행 처 – 양성원
주　　소 – 경기도 파주시 검산로 173번길 29-20
전　　화 – 031-946-3861(代)
팩　　스 – 031-946-3864
이 메 일 – tnwpub@naver.com
홈페이지 – tnwpub.co.kr
출판등록 – 2015년 8월 31일 제 2015-000211 호

ISBN 979-11-6126-198-0

정가 15,000원